GABRIEL TASCHEV

VICTOR HUGO

HOMME POLITIQUE — CHATEVIROT TEGOE

APRES-MIDI CONS. MEDITE LE VIN TIDA

CONFÉRENCES

A LA FACULTÉ DES CARRIÈRES

PARIS
MICHEL LÉVY FRÈRES, ÉDITEURS
RUE AUBER, 3, PLACE DE L'OPÉRA

LIBRAIRIE NOUVELLE
BOULEVARD DES ITALIENS, 15, AU COIN DE LA RUE DE GRAMMONT

MAURICE TALMEYR

VICTOR HUGO

L'HOMME QUI RIT — QUATREVINGT-TREIZE

SUIVI DE

UNE APRÈS-MIDI CHEZ THÉOPHILE GAUTIER

CONFÉRENCES

A LA SALLE DES CAPUCINES

PARIS

MICHEL LÉVY FRÈRES, ÉDITEURS

RUE AUBER, 3, PLACE DE L'OPÉRA

LIBRAIRIE NOUVELLE

BOULEVARD DES ITALIENS, 15, AU COIN DE LA RUE DE GRAMMONT

1874

CONFÉRENCES

A LA SALLE DES CAPUCINES

MAURICE TALMEYR

VICTOR HUGO

L'HOMME QUI RIT — QUATREVINGT-TREIZE

SUIVI DE

UNE APRÈS-MIDI CHEZ THÉOPHILE GAUTIER

CONFÉRENCES

A LA SALLE DES CAPUCINES

PARIS
MICHEL LÉVY FRÈRES, ÉDITEURS
RUE AUBER, 3, PLACE DE L'OPÉRA

LIBRAIRIE NOUVELLE
BOULEVARD DES ITALIENS, 15, AU COIN DE LA RUE DE GRAMMONT
1874

Droits de reproduction et de traduction réservés.

A VICTOR HUGO

Cher Maître,

L'auteur de ces quelques pages n'a rien en lui qui ne vienne de vous, il vous les dédie. C'est vous qui lui avez ouvert le cœur et la pensée par une de vos poésies les plus sublimes, Pour les Pauvres, les premiers vers qu'il ait lus de vous.

Vous verrez à la fin de ce volume quelques

pages consacrées à Théophile Gautier, l'un des grands écrivains de notre siècle qui vous ont le plus admiré.

Je suis de ceux qui vous aiment.

MAURICE TALMEYR.

CONFÉRENCES

VICTOR HUGO

L'HOMME QUI RIT

Le 11 décembre 1688, à trois heures du matin, un homme sortait de White-Hall, à Londres, et montait dans une voiture où l'attendait un compagnon. La portière se referma sur les deux voyageurs et le cocher toucha son cheval. On n'avait échangé ni un mot, ni un regard. Il y avait dans ce départ quelque chose de furtif et de précipité qui annonçait une fuite. Pas une étoile ne brillait dans la nuit, une vague blancheur de neige indiquait la terre. La voiture roulait vers Milbank, où elle s'arrêta. Là, les deux inconnus, toujours silencieux, descendirent vers la Tamise, où ils trouvèrent une barque prête. Pendant la traversée, l'homme de White-Hall jeta dans le fleuve un objet mystérieux, peut-être un talisman, qu'il portait avec lui. Une heure après, enfoncés dans une chaise, ils volaient à toute bride dans la direction de Scherness. L'un était Jacques II, le roi catholique, que chassait une révolution, et l'autre un gentleman fidèle ; ce que le premier venait de livrer à la Tamise, c'était le grand sceau royal d'Angleterre.

Jacques II fuyait son royaume. Prétendant catholique sous un gouvernement anglican, il avait, avant son règne, montré des apparences libérales. Les protestants faisaient alors des victimes de ses amis. La persécution exercée sur eux rendait leur prince populaire. Tenant une diatribe toujours prête contre l'abus des institutions, contre les institutions elles-mêmes, réclamant pour les dissidents les charges et les honneurs, revendiquant la patrie ouverte à tous, n'apparaissant jamais, enfin, que tout reluisant d'un vernis de tolérance et d'humanité, il offrait, simple prétendant, le spectacle nouveau d'un papiste libéral. « Il en imposa ainsi, dit Macaulay, à quelques personnes charitables. Lorsque la fortune changea, lorsqu'il ne craignit plus d'être persécuté et qu'il fut en son pouvoir d'être persécuteur, alors ses penchants réels commencèrent à se montrer. L'homme qui s'était plaint si hautement des lois contre les papistes déclarait maintenant qu'il lui était impossible de comprendre comment il y avait des hommes assez impudents pour demander le rappel des lois contre les puritains. L'homme dont le sujet de plaintes favori était l'injustice qu'il y avait à obliger les fonctionnaires civils à prêter des serments religieux avait établi en Écosse, lorsqu'il en était vice-roi, le serment religieux le plus rigoureux que notre île ait jamais connu. L'homme qui avait exprimé une juste indignation, lorsqu'on pendait et qu'on coupait par quartiers les prêtres de sa communion, avait pris plaisir à entendre les cris et à voir les contorsions des covenantaires dont on brisait les membres dans les brodequins. »

Tel fut Jacques II. Il avait eu dans son règne un collaborateur, Jeffreys. Ce qu'était Jeffreys, Macaulay nous le dit aussi :

« Jeffreys était un homme doué de facultés vigoureuses et vives, mais enclin par nature à l'insolence et à la colère. Pendant des années, sa principale occupation avait été d'examiner et de réexaminer les mécréants les plus endurcis de la capitale. Ses disputes quotidiennes avec les prostituées et les voleurs avaient donné à ses facultés une telle tournure, qu'il devint le matamore le plus achevé qu'on ait jamais vu dans sa profession. Tout égard pour les sentiments d'autrui, tout respect de soi-même, tout sentiment de bienséance, furent oblitérés en lui. Ni dans le marché au poisson, ni dans le jardin aux ours, personne n'aurait pu égaler la profusion de malédictions et d'épithètes injurieuses qui composaient son vocabulaire. L'impudence et la férocité étaient imprimées sur son front. Mais son front et ses yeux étaient, disait-on, moins terribles que les lignes sauvages de sa bouche. Son hurlement furieux retentissait comme la trompette du jugement dernier. On avait pu remarquer en lui le vice le plus odieux qui puisse déshonorer la nature humaine : il aimait à voir le spectacle de la douleur. Il y avait une sorte d'enthousiasme diabolique dans la manière dont il prononçait la sentence contre les accusés. — Ses soirées étaient ordinairement consacrées à l'orgie. Alors il était toujours entouré de bouffons choisis parmi les plus vils avocats de bas étage qui plaidaient devant son tribunal. Ces hommes se bafouaient et s'injuriaient entre eux pour l'amuser. Il se rendait souvent à son siége, n'ayant secoué qu'à demi son ivresse, les joues enflammées et les regards allumés comme ceux d'un fou. »

Tout un grand peuple fut le client de ce magistrat. A présent, celui dont Jeffreys était le bras avait perdu son trône. Monarque, il avait fait de son royaume un charnier. Chrétien, il avait eu pour acolytes Kirke et Jeffreys, Kirke, ce soldat qui ne frappait que les pauvres, Jeffreys, ce Caligula déguisé en juge. Gentilhomme, il avait jeté au bourreau une femme angélique, Alice Lisle, dont le crime était d'avoir recueilli des protestants persécutés. Deux fois elle ouvrit sa maison aux proscrits, sous Cromwell aux royalistes, aux whigs sous Jacques II. L'Angleterre s'émut au bruit de cette condamnation ; tous, les tories, le clergé, les plus âpres comme les plus doux, implorèrent la grâce de l'auguste coupable. Seuls, dans toute la Grande-Bretagne, deux hommes restèrent cruels en face d'Alice Lisle, ce furent Jeffreys et Jacques II.

A présent que, proscrit lui-même, ses chevaux l'emportaient vers Scherness, il se rappelait sans doute tous ces exploits funèbres, l'Exsdale et le Clydesdale livrés à l'armée, Dorchester où l'on tortura deux cent quatre-vingt-douze condamnés, le Dorsetshire où, en quelques jours, on coupa en quartiers deux cent trente-trois prisonniers, les assises sanglantes où Jeffreys riait, jurait et nageait dans la joie, et ces routes, ces villages, ces places publiques, peuplés, dit un historien, de cadavres pendus à des chaînes, qui se balançaient au vent et empoisonnaient l'air !... Il songeait peut-être à tout cela. Peut-être aussi l'avait-il oublié. Il avait régné trois ans, c'était peu pour un règne et beaucoup pour une orgie. L'Angleterre le chassait, il allait débarquer en France. Louis XIV attendait, à Saint-Germain, Sa Majesté Catholique.

On se demandera quel lien mystérieux rattache la révolution de 1688 à l'œuvre que nous allons étudier. Victor Hugo met volontiers des préfaces à ses livres, et des préfaces qu'on lit, ce qui est rare. Nous n'en voyons pas ici ; pourtant il en existe une, et c'est l'histoire même de Jacques II. Le règne de ce prince a eu deux conséquences : la révolution de 1688 et *l'Homme qui rit*. Ce sombre poëme, dont le titre rappelle le masque de la comédie antique, repose tout entier sur un acte de Jacques II, sur un crime dans l'inspiration duquel deux noms sont associés : celui du roi d'Angleterre et de son ministre Jeffreys.

« Ursus était un homme, Homo était un loup. » L'homme est à la fois saltimbanque, poëte et médecin. Homo, qui de loup s'est fait chien, rend à son maître mille services et figure, au besoin, dans une pochade ou un drame. Homo, même, est plus qu'un figurant ; il est presque un collaborateur, il improvise. Sa tâche ordinaire consiste à traîner la cahute roulante du bohémien. La nuit, il couche sous la voiture et ne dort que d'un œil ; elle est son abri, lui son gardien, plutôt son portier. L'excellent animal n'est pas seulement un personnage, mais une personne. Ursus, lui, l'hôte de ce carrosse de Thespis, est une figure bizarre et sympathique. Toujours bougonnant, toujours sacrant, et cependant très-bon, très-charitable. Une providence qui tonne toujours et ne damne jamais. Ursus est le type populaire du bourru bienfaisant, idéalisé, grandi jusqu'aux proportions d'un apôtre misanthrope.

Dans la cage du comédien, parmi divers ustensiles d'alchimiste, traîne un in-folio latin. Ouvrons-le et lisons : « *De denasatis.* « Bucca fissa usque ad aures, genzivis « denudatis, nasoque murdridato, masca « eris, et ridebis semper. » Traduisons : « La bouche fendue jusqu'aux oreilles, les gencives dénudées, le nez mutilé, tu seras un masque et tu riras éternellement. » Cet art de faire rire les gens existait au xvie et au xviie siècle. On prenait un enfant, on l'engourdissait, et pendant sa léthargie on lui sculptait le rire en pleine chair. A son réveil, il riait sans le vouloir, d'un rire immuable et fixe comme celui d'un masque.

Conquest le dit : « Masca eris. » D'ailleurs, Victor Hugo le fait remarquer, le masque de chair est contemporain du masque de fer. Une association, dite des comprachicos, exerçait cet art démoniaque. Elle s'emparait des enfants, leur imprimait un rictus sur le visage et les lançait dans le monde des parias et des monstres. Des bandits de tous pays s'inscrivaient à cette agence ténébreuse, utile, disons-le, aux besognes secrètes des hommes d'État. Dans la société d'alors, tout repose sur l'hérédité et le droit d'aînesse, il n'y a place au soleil que pour un petit nombre d'élus ; un parent est un rival. La politique consiste à combattre, non des idées, mais des hommes. Les comprachicos tiennent une officine sans cesse ouverte aux partis. Ils ont le monopole du démarquement des enfants. A l'époque présente, certains journaux, qui défigurent indistinctement et successivement toutes les idées, rappellent vaguement les comprachicos. Cette association est le prototype des institutions officieuses dont on use et qu'on désavoue, l'image de ces amis peu fiers qu'on bâtonne en public et dont on panse les plaies avec des subventions. D'autre part, et qu'on nous permette de signaler un contraste prodigieux, les comprachicos avaient le triple caractère d'une religion : ils s'attaquaient à l'enfant et lui laissaient leur empreinte, étaient cosmopolites, jouissaient de la protection des gouvernements. Hâtons-nous de le dire, les comprachicos, tolérés par Jacques II, furent impitoyablement traqués et détruits par Guillaume III.

Transportons-nous sur la pointe de

Portland. Nous sommes en janvier 1690, à la nuit naissante. Une horde en guenilles opère, à la hâte, un embarquement. Ce sont des comprachicos poursuivis qui prennent la mer. Rien de pittoresque comme le tableau de cette fuite dans le brouillard et le crépuscule. Parmi ces ombres errant vaguement dans la brume on distingue la silhouette chétive d'un enfant. Bientôt, les bandits se précipitent dans une ourque amarrée à la côte, grâce à l'eau profonde du golfe. L'enfant va mettre le pied sur la passerelle, lorsqu'un brigand bondit dans le bateau et jette la planche à la mer. L'enfant reste seul, la nuit, sur un isthme désert. L'homme qui a repoussé ce frêle petit être est un bandit de haute mine, savant déclassé, le docteur Gernardus Geestemunde.

La *Matutina* emporte les comprachicos.
Elle file rapidement. Une trombe de neige
s'abat sur elle. Le navire échappe à la tempête, mais se précipite vers les récifs. Il
sort déchiré de l'ouragan, et lorsque le ciel
dépouille ses nuages, lorsque les comprachicos revoient le calme et croient tenir le
salut, ils sentent soudainement l'ourque
s'affaisser. Le docteur Gernardus se souvient alors de l'abandonné, les remords
l'assaillent, il s'adresse aux bandits, les
exhorte au repentir, leur parle de Dieu, et
les adjure de confesser leur crime au ciel et
à la mer. Les comprachicos courbent la
tête. Le vieux docteur saisit une plume, un
parchemin, y trace fiévreusement quelques
lignes, fait signer ses compagnons, roule
dans une gourde ce testament tragique, et
jette la gourde à la mer.

Il faut lire ces pages palpitantes, la description de cet ouragan de neige qui, enveloppant le navire, semble l'ensevelir sous les larmes d'un suaire, et la fin de ces bandits, effacés de l'océan, qui se confessent à l'immensité. Déjà la tempête rôde derrière l'horizon lorsque le docteur dit mystérieusement au patron : « Si, cette nuit, quand nous serons au milieu de la mer, nous entendons le son d'une cloche, le navire est perdu. » Le patron prend le docteur pour un fou. Bientôt, cependant, l'équipage entend distinctement, dans les ténèbres, le tintement d'une cloche.

« Une cloche, s'écrie le patron, nous avons la terre à tribord.

« — Vous n'avez pas la terre à tribord, repart le docteur.

« — Cette cloche vient de la terre.

« —Cette cloche vient de la mer, dit Gernardus, et l'entendre dans la tempête, quand le noroit souffle, c'est être perdu. Pourquoi? Le voici : Si vous entendez le bruit de cette cloche, c'est que le vent vous l'apporte. Or le vent vient de l'ouest et les brisants d'Aurigny sont à l'est. Il y a au milieu de la mer une bouée qui est là pour avertir. Sur cette bouée est fixé un tréteau de fer, et à la traverse de ce tréteau est suspendue une cloche. Dans le gros temps, la mer, secouée, secoue la bouée, et la cloche sonne. Cette cloche, c'est le naufrage qui sonne le tocsin. »

Rien ne peut être comparé à ce glas de la mer entendu par un navire en détresse. Il résonne pour avertir de l'écueil, mais trop tard, et il tinte sans relâche en plein abîme, haletant, funèbre, ponctuant, en quelque sorte, la tempête de ses sanglots. Puis, lorsque la fureur de la mer est tombée, lorsque, blessée au flanc, la *Matutina* s'évanouit peu à peu sous l'eau, quelle grandeur, quel calme poignant! Le désespoir remplit l'âme des bandits à mesure que le ciel s'apaise. Il semble que la Divinité dévoile son front sans pli après le châtiment et vienne dire : C'est moi! L'ourque s'enfonce, les mâts sont brisés, elle n'a plus que la coque. Les bandits attendent la mort, à genoux sur le pont. On ne voit plus de tout cet effroyable naufrage que la mer calme et implacable et une gourde qui surnage. Est-ce bien un roman? n'est-ce pas une épopée? C'est la tragédie de l'homme mêlée à celle de la nature.

Retournons à l'enfant resté seul sur la

pointe de Portland. Il gravit la côte et se met à errer, assailli par la nuit, le vent et la neige, cherchant un sauveur ou un abri. Quelle lugubre entrée dans la vie! D'abord il rencontre un gibet où pend et frissonne à tous les souffles et à toutes les tempêtes un squelette déchiqueté par l'essaim des oiseaux de nuit, cette vermine de l'ombre, dit le poëte. Il fuit, épouvanté. Tout à coup, des gémissements lui parviennent. Une femme, une morte, gît étendue dans la neige ; contre son sein glacé grelotte un nourrisson, une petite fille. L'enfant perdu avait dix ans, l'enfant trouvé pouvait avoir dix mois. Le garçon prend la fille, ôte un vêtement qu'il a, en couvre l'orpheline et repart. Après une marche douloureuse, il arrive dans un bourg et frappe à toutes les portes. Pas une d'elles ne s'ouvre. Pas une voix, même bourrue, ne se fait entendre. Tout est muet, fermé, hostile. Il aperçoit enfin, sur une place, la forme d'une cahute roulante dont les planches mal jointes laissent filtrer de la lumière. Cette cahute est celle d'Ursus. Le loup et le philosophe accueillent, tout en maugréant, ces êtres errants, les nourrissent, les réchauffent et les couchent. Le lendemain, Ursus dit au garçon :

« Comment t'appelles-tu ?

« — Gwinplaine, répond l'enfant.

« — Qu'as-tu à rire, ajoute le bateleur.

« — Je ne ris pas, » fait Gwinplaine.

Ursus pâlit. Gwinplaine sortait des mains des comprachicos. Il portait le rire éternel sur le visage. On ne pouvait savoir le nom de la petite. Elle était belle, le philosophe l'appela Dea. Lorsque le soleil frappa les yeux de l'orpheline, Ursus vit qu'elle était aveugle.

Telle est la première partie de *l'Homme qui rit*. Un enfant, seul, errant dans la nuit, sous la neige, trouvant la nature et l'homme également cruels... quelle sombre création ! Il y a, dans la *Légende des siècles*, un poëme qui porte ce titre : *Première rencontre du Christ avec le tombeau*. Ne pourrait-on pas mettre en tête de ces pages tragiques, où l'on voit un gibet pourvu de son cadavre, une mère morte, une orpheline de dix mois et des portes sourdes : *Première rencontre de l'homme avec la société ?*

Plusieurs années se sont écoulées. Nous sommes en 1707, non plus à Portland, mais à Londres, sous le règne d'Anne Stuart, héritière du trône et de la politique de Guillaume III.

Il y avait alors, dit Victor Hugo, un vieux souvenir : lord Clancharlie. Ce gentilhomme, pair d'Angleterre, s'était, sous Cromwell, rallié à la république. Lorsqu'elle tomba, il lui resta fidèle et mourut en exil. Lord Clancharlie avait commis des péchés de jeunesse : on lui connaissait un fils naturel. Lord David Dirry Moir, c'est le nom de ce dernier, vit, en 1707, à la cour de la reine Anne, fiancé à une duchesse nommée Josiane, bâtarde d'un roi, et célèbre par la bizarrerie de son élégance.

Autrefois, le bruit avait couru que lord Clancharlie laissait un fils légitime né dans l'exil et, disait-on, beau comme le jour. Légende que tout cela ! Le roi a déclaré lord David Dirry Moir héritier des biens, places, noms et honneurs de lord Clancharlie.

Donc, lord David et la duchesse Josiane vont s'épouser et de deux bâtardises faire souche de gentilshommes. Ils sont plus que fiancés, ils sont, de par la reine, imposés l'un à l'autre. Sans s'aimer, ils se plaisent. Josiane a vingt-cinq ans, lord David vingt-six. Pourquoi retardent-ils la noce? De peur de ne plus se plaire, une fois mariés. Il leur suffit de se côtoyer, dit Victor Hugo. A côté de ces trois personnages, la duchesse, lord David et la reine, et pour ainsi dire entre eux, il y en a un quatrième, Barkilphédro. Issu de très-bas, un peu homme de lettres, un peu fonctionnaire, un peu ecclésiastique, valet plutôt que courtisan, mouchard plutôt que valet, Barkilphédro incarne l'envie et la haine. Actuellement, il espionne Josiane au profit de lord David, lord David au profit de

Josiane, l'un et l'autre au profit de la reine. Barkilphédro est à Tricoche et à Cacolet ce qu'Othello est à Sganarelle.

Toutes ces figures sont peintes à traits superbes. Quel être puissant et lumineux que Josiane ! Et son fiancé ! Jeune seigneur toujours en aventures, fort comme Hercule, brave, étrange, désordonné, il se mêle au peuple sous un déguisement de matelot, rivalise de vigueur musculaire avec les truands, et de belles manières avec les courtisans, s'appelle, chez Josiane, lord David de son nom de cour, et dans la rue, Tom-Jim-Jack de son nom de guerre.

Tous ces personnages vont, viennent, rient, parlent et vivent.

Un jour, Barkilphédro est promu à un emploi bizarre dont le titulaire a pour fonctions de déboucher les bouteilles que rejette l'Océan. Qu'on ne rie pas. La place existait. On était alors déboucheur des bouteilles de l'Océan comme on est aujourd'hui attaché au ministère. Peut-être, seulement, avait-on quelque besogne de plus.

Notons-le ici :

La reine, qui est laide, jalouse Josiane qui est belle, et Barkilphédro, qui est envieux, hait Josiane qui le protége.

Retournons aux bateleurs.

Depuis dix-sept ans ils ont prospéré. Gwinplaine, l'enfant défiguré, est devenu, grâce au masque affreux qu'il porte, le lion des foires et des spectacles. Dea, l'aveugle, est belle et blonde; elle a dix-huit ans. Ursus, lui, a vieilli, mais dans les triomphes. Et puis les jeunes gens s'adorent. Il les voit s'aimer. L'orphelin défiguré est fiancé à l'orpheline aveugle. Succès, amour, grosses recettes, ils ont tout. Nous les retrouvons à Londres, établis dans une cour d'auberge sur de confortables tréteaux, applaudis, gras d'ovations, la coqueluche des bourgeois, peut-être de la noblesse, les très-célèbres comédiens du théâtre de la Green-Box qui étale cette glorieuse affiche :

« Ici l'on voit Gwinplaine, abandonné à l'âge de dix ans, la nuit du 29 janvier 1690, par les scélérats comprachicos, au bord de la mer, à Portland, de petit devenu grand et aujourd'hui appelé « l'Homme qui rit ».

Ursus se flatte d'élaborer des pièces dans le goût d'un nommé Shakespeare. Entre les représentations Gwinplaine et Dea parlent d'amour. Le philosophe songe à les marier. Au milieu de ces prospérités et de ces bonheurs, Homo reste maigre.

Un jour, une femme éclatante apparaît dans la loge réservée à la noblesse et la remplit de ses gens et de sa personne. On devine Josiane. Elle s'ennuie, l'homme qui rit est célèbre, elle vient voir l'homme qui rit. Josiane, à l'Inn Tadcaster, c'est un paon parmi des poulets déplumés. Toute l'auberge s'entretient de l'apparition. Gwinplaine éprouve un éblouissement. Dea, entendant parler d'une belle femme, est vaguement jalouse. Détail profond et touchant. Le lendemain soir, Gwinplaine errait en rêvant, lorsqu'un page costumé de rouge lui glisse le billet suivant :

« Tu es horrible et je suis belle. Tu es histrion et je suis duchesse. Tu es le dernier et je suis la première. Viens. Je t'aime. — Josiane. »

Dire la stupéfaction, l'écrasement, la

terreur, le vertige du comédien, est ici chose impossible. Victor Hugo a décrit cette nouvelle tempête sous un crâne. Il faut la lire. Gwinplaine se croit fou, il l'est peut-être. Tout ce roman, d'ailleurs, s'écroule vite. Quelques heures après, un officier de police arrête Gwinplaine au nom de la loi.

On l'introduit dans une cave sinistre. Là, les membres liés à quatre piliers, un criminel expire dans les tortures. Des valets tiennent des torches; un juge siége sur son tribunal. « Reconnaissez-vous cet homme? » dit le magistrat au supplicié, en lui montrant Gwinplaine. Le misérable se soulève douloureusement, regarde l'homme qui rit dont une torche illumine le masque, et murmure d'une voix qui n'est plus qu'un râle : « Oui, c'est lui. » Le bateleur se récrie, s'épouvante, proteste de son innocence... Le juge, alors, se découvre, s'incline jusqu'à terre et lui dit : « Je vous salue, milord ; vous êtes lord Fermain Clancharlie, pair d'Angleterre. » Gwinplaine s'évanouit. Lorsqu'il revient à lui, il est dans un palais. A son côté, se tient un homme, servilement plié en deux, Barkilphédro.

Barkilphédro, vous le savez, débouchait les bouteilles de l'Océan. Après dix-sept ans, la mer rejetait la gourde des naufragés de la *Matutina*. Barkilphédro la recueillait, l'ouvrait, et lisait ces lignes sur le parchemin auquel le docteur Gernardus Geestemunde avait confié la confession des comprachicos :

« Au nom du Père, du Fils et du Saint-Esprit,

« Cejourd'hui, 29 de janvier 1690 de Notre-Seigneur,

« A été méchamment abandonné sur la côte déserte de Portland, dans l'intention de l'y laisser périr de faim, de froid et de solitude, un enfant âgé de dix ans.

« Cet enfant a été vendu à l'âge de deux ans par ordre de Sa très-gracieuse Majesté, le roi Jacques deuxième.

« Cet enfant est lord Fermain Clancharlie, fils légitime, unique, de lord Linnœus Clancharlie, pair d'Angleterre, et d'Anne Bradshaw, son épouse, défunte.

« Cet enfant est héritier des biens et titres de son père. C'est pourquoi il a été vendu, mutilé, défiguré et disparu par la volonté de Sa très-gracieuse Majesté.

« Lord Fermain Clancharlie a été acheté par moi soussigné qui écris ces lignes, et mutilé et défiguré par un Flamand de Flandre nommé Hardquanonne...

« Il ignore qu'il est lord Clancharlie.

« Il répond au nom de Gwinplaine.....

« A l'heure où nous écrivons ceci, Hardquanonne est détenu dans les prisons de Son Altesse le prince d'Orange, vulgairement appelé le roi Guillaume III. Il est enfermé dans le donjon de Chatham...

« Or, avons juré le secret au roi, mais pas à Dieu.

« Cette nuit, en mer, assaillis d'une sévère tempête par la volonté de la Providence, en plein désespoir et détresse, agenouillés devant celui qui peut sauver nos vies et qui voudra, peut-être, sauver nos âmes, n'ayant plus rien à attendre des hommes et tout à craindre de Dieu, humbles et pénitents, nous frappant la poitrine, faisons cette déclaration et la confions à la mer furieuse. (Suivent les signatures, puis ce post-scriptum :)

« La présente déclaration est écrite par nous au verso de l'ordre royal qui nous a été remis pour notre décharge d'avoir acheté l'enfant. Qu'on retourne la feuille, on verra l'ordre. »

Sur l'ordre, il y avait une signature, celle de Jeffreys.

Souvenons-nous de l'histoire.

Gwinplaine est atterré de sa propre grandeur. Tant d'événements en un jour ! La nuit vient ; il pense à Dea, à Ursus, à la Green-Box, surtout à Dea ! — Il est pair d'Angleterre ! L'ambition le tente. Siéger à la chambre des lords, parmi les puissants et les heureux, leur parler du peuple ! quelle gloire ! quelle destinée ! — Il s'endort. Le lendemain, dès l'aurore, il parcourt, ébloui, les galeries de son palais, et parvient ainsi à une salle où s'ouvre une piscine de marbre. Au fond, dans un riche boudoir, dort une femme étendue sur un lit; c'est la duchesse Josiane. Elle se réveille, appelle, se lève, jette un peignoir sur ses épaules, voit Gwinplaine et vient à lui. Mais il n'a pas épuisé le sort. Un message inattendu interrompt l'entrevue, et la duchesse le quitte violemment. Quelques heures après, le lord d'aujourd'hui, le bateleur d'hier s'assoit à la chambre des pairs. Là encore, il va, comme autrefois enfant, rencontrer la société. Il est accueilli par le sarcasme et l'insulte. Les tempêtes des assemblées politiques ressemblent aux tempêtes de l'Océan. La mer est très-peu parlementaire, les lames ont une brusquerie presque populaire, les rochers interrompent de façon à vous faire sombrer ; seulement, les flots de la haute mer sont toujours purs.

Bafoué par les lords, Gwinplaine veut disparaître. Désespéré, entendant toujours, derrière lui, les huées résonner comme un tocsin, il se précipite, le soir venu, dans la direction de la Green-Box.

Ursus a suivi le peloton de police. Il a vu la prison engloutir son compagnon. Plus tard, il revient interroger les murs de la geôle. Tout à coup, il lui semble entendre tinter une cloche sourde. C'est l'heure qui sonne, sans doute. Non, c'est le glas d'un condamné. Une porte basse vomit dans la nuit un cortége rougeâtre. Le vieux bateleur voit le cercueil, le convoi, l'enfouissement à la lueur des torches. Il croit qu'on enterre Gwinplaine. C'est la seconde fois que Victor Hugo donne aux événements l'accompagnement funèbre d'un glas. Il y a dans l'*Homme qui rit* deux cloches qui se font, en quelque sorte, pendant, l'une au commencement, l'autre à la fin, l'une en pleine mer dans un naufrage, l'autre dans une prison, l'une éclatante, l'autre sourde, toutes les deux étranges, terribles et sonnant la mort.

La cour voulait effacer tout souvenir du premier état du nouveau lord. Ursus avait reçu l'ordre de quitter l'Angleterre; on avait balayé toute la gent comédienne. Le pauvre philosophe avait vendu son théâtre et vu toute sa splendeur réduite à la vieille cahute roulée autrefois par Homo. Il allait s'embarquer sur la Tamise, au moment même où Gwinplaine arrivait à l'auberge.

Il fait nuit. L'Homme qui rit frappe à

toutes les portes, à toutes les vitres. Vainement. Tout est vide, abandonné. Ursus, Homo, Dea, la Green-Box... tout cela s'est évanoui ! Alors, machinalement, il se dirige vers la Tamise, se penche sur l'eau et pleure. Le fleuve l'attire, il éprouve le vertige du suicide. Tout à coup, il sent une langue qui lui lèche les mains. C'est Homo. Gwinplaine croit qu'il redevient heureux. Le loup descend la berge, Gwinplaine le suit. Un bateau est amarré au rivage ; Ursus y a transporté les restes de la Green-Box. Le navire va prendre le large. Dea, frêle et sensible, anéantie par la disparition de Gwinplaine, est étendue dans un coin du bateau, pâle, malade, n'ayant plus que l'âme. Par moments, elle appelle son fiancé. Ursus, penché sur elle, la dispute à la mort.

On jouait, à la Green-Box, une pièce

où Gwinplaine et Dea chantaient un duo d'amour. A la fin, l'aveugle étendait la main et la posait sur la tête de l'Homme qui rit. On voyait alors s'illuminer la figure de la jeune fille; ses yeux vagues semblaient voir le ciel.

Gwinplaine monte sur le bateau et regarde mourir Dea, n'osant se découvrir, de peur de la tuer sous l'émotion. Tout à coup, elle paraît mieux, dit à Ursus que le retour de Gwinplaine la guérirait, et chante de sa voix la plus pure la romance de la Green-Box. Gwinplaine n'y tient plus, s'approche, et lorsqu'elle étend la main elle sent la chevelure du bateleur. L'aveugle pousse un cri de joie, devient radieuse, et meurt. Comme les matelots crient : Terre, en apercevant le port, elle avait crié : Lumière ! en s'envolant de la vie !

Ursus, presque évanoui, s'abîme alors dans sa douleur. Gwinplaine, lui, résolu à mourir, murmure tout bas à quelqu'un d'invisible : « Je viens, je suis à toi ! » Cependant, le bateau se met en marche, quitte la Tamise et entre dans l'Océan. Gwinplaine, alors, s'approche du bord et se laisse tomber dans l'eau. « Lorsque Ursus revint à lui, il ne vit plus qu'Homo qui hurlait dans l'ombre en regardant la mer. »

Tel est *l'Homme qui rit* dans sa donnée. Vous avez pu juger, peut-être, que de méditations littéraires, esthétiques, philosophiques, que de hautes pensées, en un mot, se dégagent d'une œuvre pareille. Nous sommes obligés de nous restreindre dans cette étude. Pourtant, nous allons exposer, tout spécialement, trois caractères, étudier trois figures : Ursus, la duchesse Josiane, et Gwinplaine.

Au fond, qu'est-ce qu'Ursus ? — Le bourru bienfaisant. Un homme qui gronde, maugrée, tempête et n'a pas l'ombre d'une méchanceté dans l'âme. Le bien et la charité absorbent sa vie. Quelle étrange personne que celle d'Ursus ! Sa devise est d'être perpétuellement en contradiction avec lui-même. Il parle d'une façon et fait de l'autre. On pourrait créer un nouveau proverbe qui s'appliquerait à lui et à tous ceux dont il est, en quelque sorte, le prototype : Bouche qui maudit, main qui bénit.

C'est là l'ensemble de son caractère, et pour ainsi dire son profil. Essayons d'analyser les éléments qui constituent cette nature hétérogène.

Il y a, chez Ursus, beaucoup de scepticisme d'esprit, mais non de scepticisme de cœur. Il ne croit à rien ; en même temps, il est tout pétri de sensibilité. Par cela même qu'il est sceptique, il estime oiseux tout essai de réforme et, pénétré de la toute-puissance et de la rigueur sociales, s'incline, mais non sans une certaine ironie intérieure, devant le juge et devant la loi. A ces traits, il faut en ajouter un autre : Ursus s'en veut à lui-même d'être incomplet dans son scepticisme, et, pour donner le change sur une sensibilité dont il a honte, il prend un masque d'humeur maussade et de férocité. Tout cela, d'ailleurs, s'explique. Savant, il entend déraisonner les hommes et les méprise. Philosophe, il les voit souffrir et les aime. Savant, philosophe, Ursus est, en effet, l'un et l'autre. Il est même poëte, auteur dramatique. Bien plus, il est médecin. De nos jours, il offrirait ce double inconvénient : lire des vers et conseiller des drogues. Voilà, il faut l'avouer, une nature étrangement amalgamée, et pourtant profondément humaine. Croire peu, aimer beaucoup et ne pas vouloir paraître sensible. Que d'honnêtes gens sont ainsi faits !

Ursus varie d'aspects comme une montagne. Tantôt bourru, tantôt charitable, tantôt poëte, tantôt philosophe, tantôt saltimbanque, il ne se ressemble jamais à lui-même en apparence. Si on l'observe bien, on remarque en lui deux traits immuables : la bonté et l'ironie. Comment accueille-t-il Gwinplaine enfant, là nuit où les deux petits abandonnés viennent lui demander un peu de feu et de pain ?

Gwinplaine arrive, la nuit, sur une place

publique, aperçoit une cahute roulante, et s'approche. Homo s'éveille et grogne.

« En même temps qu'une gueule entre les roues, une tête passa par la lucarne.

« — Paix-là ! dit la tête.

« La gueule se tut.

« La tête reprit :

« — Est-ce qu'il y a quelqu'un ?

« L'enfant répondit :

« — Oui.

« — Qui ?

« — Moi.

« — Toi ? qui ça ? d'où viens-tu ?

« — Je suis las, dit l'enfant.

« — Quelle heure est-il ?

« — J'ai froid.

« — Que fais-tu là ?

« — J'ai faim.

« La tête répliqua :

« Tout le monde ne peut pas être heureux comme un lord. — Va-t'en.

« La tête rentra et le vasistas se ferma.

. . . .

« L'enfant courba le front, resserra entre ses bras la petite endormie et rassembla sa force pour se remettre en route. Il fit quelques pas et commença à s'éloigner.

« Cependant, en même temps que la lucarne s'était fermée, la porte s'était ouverte. Un marchepied s'était abaissé. La voix qui venait de parler à l'enfant cria du fond de la cahute avec colère :

« — Eh bien! pourquoi n'entres-tu pas?

« L'enfant se retourna.

« — Entre donc, reprit la voix. Qui est-ce qui m'a donné un garnement comme cela, qui a faim et qui a froid, et qui n'entre pas!

« L'enfant, à la fois repoussé et attiré, demeurait immobile.

« La voix repartit :

« — On te dit d'entrer, drôle !

« Il se décida et mit un pied sur le premier échelon de l'escalier.

« Mais on gronda sous la voiture.

« Il recula. La gueule ouverte reparut.

« — Paix ! cria la voix de l'homme.

« La gueule rentra. Le grondement cessa. »

Entré, l'enfant pose sur un coffre son fardeau, la petite fille, avec précaution.

« Comme tu mets ça là doucement, crie Ursus ! Ce ne serait pas pire quand ce serait une châsse. Est-ce que tu as peur de faire une félure à tes guenilles ? — Ah ! l'abominable vaurien ! Dans les rues à cette heure-ci ! Qui es-tu ? Réponds ! Mais non ?

Je te défends de répondre. Allons au plus pressé ; tu as froid, chauffe-toi !

« Et il le poussa par les deux épaules devant le poêle. »

Voilà un homme désagréable, mais adorable, et qui raille, avec une amertume violente, ses actes par ses paroles.

Après avoir réchauffé et nourri l'enfant, au milieu de mille soubresauts de colère, Ursus s'informe de la morte rencontrée par Gwinplaine. Il apprend que le corps est à deux lieues ; aussitôt il détache Homo et part avec lui. Pourquoi ? pour sauver la malheureuse, bien que la chose lui paraisse impossible. Il rentre quelques heures après en grommelant « entre cuir et chair : « Morte, bien morte ! Elle est décidément heureuse. »

Ursus, médecin, a cette théorie : la vie

est un poids et un malheur : sauvons les hommes, condamnons-les à vivre ! Et il guérit les malades. Il est, surtout, le médecin des pauvres. L'ironie et la bonté apparaissent, ici, dans leur plein. On les voit, en quelque sorte, de face.

Ursus a le respect de la vindicte sociale. C'est plutôt crainte que respect. S'il a la hardiesse d'esprit du penseur, il subit l'écrasement de l'homme du peuple. Ces deux éléments combinés donnent un résultat particulièrement comique. Lisez le chapitre intitulé : « La souris interrogée par les chats. » Un officier de police mande le philosophe. Ce dernier, toujours convaincu de la méchanceté humaine, s'entrevoit pendu, coupé en quartiers. A certains égards, Ursus rappelle quelquefois Panurge. Un estafier l'introduit dans une salle où siégent trois juges auxquels le prévenu donne immédiatement les noms des juges d'enfer.

« — Vous parlez en public? dit Minos.

« — Oui, répond Ursus.

« — De quel droit?

« — Je suis philosophe.

« — Ce n'est pas là un droit.

« — Je suis aussi saltimbanque.

« — C'est différent.

« Vous dites des choses malsonnantes. Par exemple, vous avez dit que la virginité excluait la maternité.

Ursus lève doucement les yeux.

« — Je n'ai pas dit cela. J'ai dit que la maternité excluait la virginité.

« — Au fait, c'est le contraire.

« — Vous avez dit qu'on pouvait empoisonner avec de l'arsenic. La Bible le nie.

« — La Bible le nie ; mais l'arsenic l'affirme.

« — Vous exercez la médecine ?

« — Je m'exerce à la médecine, soupire timidement Ursus.

« — Sur les vivants ?

« — Plutôt que sur les morts.

« — On dit que vous guérissez les malades.

« — Je suis victime des calomnies. »

Là encore, l'ironie se devine sous l'humilité comme un poignard sous un manteau. Il faut lire ces pages dans leur entier. Quel tableau ! Quelle scène vivante ! Comme on voit bien Ursus se rassembler, se recroqueviller dans une révérence ! On saisit presque le son de sa voix, douce, conciliante, presque suave. Avec cela, des réponses d'une innocence terrible. Du Voltaire bégayé par un collégien mis en pénitence. Parfois, il a l'air de soumettre une question philosophique à la sagacité des trois imbéciles qui opinent du bonnet. Pour peu, il leur offrirait de collaborer à un traité de botanique. Les juges se sentent flattés, mais se damneraient rien qu'à l'idée de le paraître, et s'épanouissent intérieurement dans une béatitude de mollusque. Ursus, lui, est aplati jusqu'à être plat, mais d'une platitude toute particulière. Il murmure des satires avec des intonations de supplique ; c'est en l'adorant qu'il se moque de l'autorité. Nous venons de prononcer le nom de Voltaire : Voltaire aurait pu naître du sourire d'Ursus à ses juges.

Outre les talents déjà cités, Ursus a celui de la ventriloquie. Cet homme est véritablement un monde. Lorsqu'on arrête Gwinplaine, il est, d'abord, si furieux, si hors de lui, qu'il fait annoncer la fin des représentations de la Green-Box. Puis il grommelle: « C'est bien fait. A présent, Dea va mourir. Tant mieux. Qu'étaient-ils venus faire ici ? » Mais, comme toujours, il parle mal et agit bien. Il veut, dit-il, tuer Dea. Non ! Il veut la sauver, l'entourer même de délicatesses infinies. Ursus pousse le cœur jusqu'à la délicatesse. Il ne veut pas que l'aveugle s'aperçoive même de cette absence. Il imitera Gwinplaine, simulera le public, donnera la représentation. Il est ventriloque.

Tout est désert dans la Green-Box. On tremble encore au souvenir de l'arrestation de l'Homme qui rit, lorsque, tout à coup, au milieu du silence, de l'atterrement et de la solitude, Ursus crie, s'adressant aux deux servantes de comédie, qui, habituellement, remplissent le rôle de Renommées :

« Fibi, Vinos ! vite ! la représentation va commencer. »

Nous assistons alors à une scène prodigieuse. Le vieux saltimbanque parle à Dea avec la voix de Gwinplaine, reprend la sienne, harangue un public imaginaire, s'interrompt, imite le bruit des foules, jette çà et là des réflexions telles que celles-ci : « Je regrette qu'on ait laissé entrer tant de monde, » et donne à la pauvre aveugle l'illusion du tumulte.

« Ursus devint extraordinaire. Ce ne fut plus un homme, ce fut une foule. Forcé de faire la plénitude avec le vide, il appela à son secours une ventriloquie prodigieuse. Tout l'orchestre de voix humaines et bestiales qu'il avait en lui entra en branle à la fois. Il se fit légion. Quelqu'un qui eût fermé les yeux eût cru être dans une place publique un jour de fête, ou un jour d'émeute. Le tourbillon de bégaiements et de clameurs qui sortait d'Ursus chantait, clabaudait, causait, toussait, crachait, éternuait, prenait du tabac, dialoguait, faisait les demandes et les réponses, tout cela à la fois. Les syllabes ébauchées rentraient les unes dans les autres. Dans cette cour où il n'y avait rien, on entendait des hommes, des femmes, des enfants; c'était la confusion claire du brouhaha. A travers ce fracas, serpentaient, comme dans une fumée, des cacophonies étranges, des gloussements d'oiseaux, des jurements de chats, des vagissements d'enfants qui tettent. Le mécontentement des dogues sous les pieds des gens bougonnait. Les voix venaient de loin et de près, d'en haut et d'en bas, du premier plan et du dernier. L'ensemble était une rumeur, le détail était un cri. »

Ces pages sont prodigieuses, à la fois tristes et gaies : tristes d'une tristesse profonde, gaies d'une gaieté de surface. Elles répondent bien au titre du livre. Le masque rit, l'âme pleure.

Le rire d'Ursus ! Quel rire ! Cet homme morose est, parfois, désopilant. Quelle destinée de baladin ! Il ne rit jamais quand il fait rire. En revanche, lorsqu'il rit lui-même, il exhale tant d'amertume qu'il vous rend pensif. Il y a dans son cerveau une mine inépuisable de paradoxes fantasques qui feraient pâmer de joie des trappistes et des carmélites. Ce sont des boutades à perte de vue, des jérémiades à outrance, des parades et des théories à faire paraître Turlupin et Gauthier Garguille sombres comme des catafalques. C'est un merveilleux flamboiement de fantaisie burlesque, une véritable fanfare de joyeusetés éclatantes. Pourtant, regardez, ce rire a le pli de l'ironie.

Le vieux bateleur n'est-il pas sublime lorsqu'il erre à la recherche de Gwinplaine? Il sait qu'il ne trouvera nulle trace de lui, n'importe. Il rôde autour des murs de la prison, les regarde, les interroge. Lui, sceptique, il devient superstitieux et sensible comme une mère. Il se désespère et pleure. Ce n'est pas qu'il ne maugrée plus entre ses dents; il bougonne, par une sorte de misanthropie acquise, jusqu'au moment de l'explosion, et passe brusquement de la boutade à l'attendrissement, des malédictions aux sanglots. Un nuage noir, qu'on dirait de granit, qui a des formes farouches, des retours et des coudes comme un rocher, qui semble de pierre et qui est d'eau, tout à coup fond en pluie et laisse voir le ciel : voilà Ursus ! Il pleure, et en pleurant il laisse voir son âme !

Josiane, duchesse et bâtarde d'un roi, est fiancée, non à un pair, mais à une pairie. Telle est la volonté royale. Elle doit, pour corriger l'irrégularité de son origine, épouser, quel qu'il soit, l'héritier des noms, titres et biens du vieux lord baron Clancharlie, et, de duchesse de contrebande, se transformer ainsi en baronne de bon aloi.

Il y a, chez elle, deux choses, non-seulement distinctes mais contraires, non-seulement contraires mais adverses : le corps et l'âme. Elle est comme ces blancs sommets des Alpes où jamais ne s'est inscrite une empreinte humaine. Seuls, les aigles ont effleuré la crête de la Jung-Frau. Les songes seuls, effrénés d'ailleurs, ont effleuré Josiane. « Elle est la chair. » Elle a les formes copieuses et l'ampleur superbe des femmes du Titien, toute pétrie, comme elles, d'élégance aristocratique. Mais au lieu d'être légèrement colorée d'or, sa carnation a des rayonnement nacrés, c'est une majesté charnelle, glaciale et provoquante, une déesse boréale émergeant des éblouissements polaires comme l'aurore émergeait autrefois, pour Phidias et pour Eschyle, des splendeurs roses de l'Archipel.

La duchesse a les cheveux d'un blond pourpre. L'un de ses yeux est noir, l'autre est bleu. Elle eût été, paraît-il, aussi étonnée qu'on lui découvrît une âme que des ailes. Une âme ! Pourtant, elle en a une, et tous les caprices, toutes les corruptions, toutes les délicatesses s'y sont donné rendez-vous. Rien ne l'effraie ; elle se jetterait joyeusement dans le scandale, elle en savourerait le vertige avec passion. Mais, jusqu'à ce moment, toutes les chutes lui ont semblé banales, elle n'est pas tombée. Ce qu'elle veut, c'est l'étrange, l'impossible. A l'exemple des Ninon et des Scudéri, selon la mode du temps, Josiane est une savante ; elle parle latin, on la soupçonne de savoir l'arabe ; elle aime le fin langage, les vers, les arts, tout ce qui rompt en visière aux conventions bourgeoises, tout ce qui porte un panache. Et nulle croyance, nulle morale. Vierge par orgueil et parce que, sans doute, il lui paraît piquant de toujours provoquer et de toujours se dérober, Josiane est une âme de courtisane, mais de courtisane antique, spirituelle et généreuse. Elle eût, par caprice, relevé le port d'Athènes de ses propres deniers. Alcibiade se fût couché à ses pieds à la face de la Grèce, et Périclès eût soupé chez elle.

C'est de cette femme extraordinaire que Gwinplaine, encore bateleur, reçoit un billet ainsi rédigé :

« Tu es horrible et je suis belle. Tu es
« histrion et je suis duchesse. Tu es le der-
« nier et je suis la première. Viens, je
« t'aime. — JOSIANE. »

Théophile Gautier a écrit, à l'adresse des belles inhumaines, comme on eût dit au siècle dernier, une poésie merveilleuse dont voici les derniers vers :

> Sous la place où calme il repose,
> Oh ! qui pourra fondre ce cœur !
> Oh ! qui pourra mettre un ton rose
> Dans cette implacable blancheur !

Gwinplaine avait mis un ton rose dans la blancheur de Josiane.

Le goût du bizarre et du vil est dans la nature. La duchesse éprouve surtout, par une étrange infirmité morale, le besoin de la dégradation. Ce qu'elle voit, avant tout, dans Gwinplaine, c'est l'histrion. Qu'il soit monstrueux, ce n'est là qu'un assaisonnement de plus, mais ce qu'il faut, d'abord, c'est qu'il soit vil. Elle le chasse brusquement quand elle apprend qu'il est lord Clancharlie, son futur mari, trouvant, dès lors, qu'il manque de ragoût. Écoutez ce que Juvénal avait déjà dit d'une Romaine :

« Par quelles grâces irrésistibles Hippias fut-elle séduite? Quel charme a pu faire passer cette patricienne sur la honte d'entendre dire : « C'est la femme d'un gladia-« teur? » Sans doute, il était beau, il était jeune, cet heureux Sergius? Eh! non! le Sergiolus adoré d'Hippias touchait à la quarantaine; il y a mieux, sa figure était remplie de difformités. Au-dessus du nez, le front formait un énorme pli, un bourrelet de chair sous son casque pesant. Ce n'est pas Sergius, c'est le gladiateur Sergius qu'elle préférait à ses enfants, à son pays, à son époux. C'est le sanglant lutteur qu'elle idolâtrait. Si le misérable avait quitté son métier, il n'eût plus été pour elle qu'un second mari. »

La rencontre de deux grands génies est toujours concluante et, d'ailleurs, l'histoire et la légende justifient le caractère de Josiane. Marie Stuart aime Rizzio. Qu'est Rizzio ? un monstre. Christine de Suède aime Monaldeschi. Qu'est Monaldeschi ? un laquais. Anne de Russie aime Biren. Qu'est Biren ? un palefrenier courlandais. Feuilletons maintenant la légende. Pasiphaé est une Josiane. L'élégante et docte duchesse parle, elle-même, d'Amphitrite, de Rhodope et de la fée Urgèle. Amphitrite aima un cyclope, assurément hideux, malgré sa divinité. La fée Urgèle raffolait d'un monstre aux mains palmées. Rhodope, non plus fée mais reine, adorait Phtée, l'homme à la tête de crocodile qui, peut-être, pleurait d'amour. Pourquoi dédaigner les légendes ? On a dit qu'elles font partie de l'histoire comme le lierre fait partie des ruines. On pourrait dire aussi qu'une légende est un miroir qui exagère. Elle ne refléterait rien s'il n'y avait rien. Urgèle, femme que la perspective des époques lointaines transfigure en fée, n'a, peut-être, pas mis sa main dans une main palmée, mais elle a dû la mettre dans une main difforme. Le chevalier de la reine Rhodope dut être pétri de toutes les laideurs divines et humaines pour s'être trouvé une tête de crocodile en se mirant dans la légende.

Il y a, du reste, une chose incontestable. Les esprits raffinés, voués à la recherche excessive, passionnés d'art, sont tous amis du bizarre. Quel est l'aspect qu'offre, le plus souvent, la chambre d'un poëte ou d'un peintre? Tout un petit monde d'effroyables figurines, de caricatures hagardes ou diaboliques, de Chinois n'ayant qu'une tête et un ventre, d'antiquailles suant la poussière. C'est le fait d'un dilettante d'estimer les laideurs originales. Le baroque ne séduit jamais une âme bourgeoise. Un badaud admire des horreurs correctes, mais parce qu'il les croit belles. Il n'y a qu'un artiste qui puisse s'écrier en montrant quelque heureuse monstruosité : « C'est hideux, c'est splendide ! »

Or, mesdames, qui de vous ou de l'homme a le plus de finesse et de dilettantisme natifs ? — C'est vous. Les femmes ont toujours eu, à dose quelconque, le goût du bizarre. Autrefois, les hautes et nobles dames s'entouraient d'une domesticité de bossus, de nains et de bouffons. Aujourd'hui, que de caniches rébarbatifs on voit, au bois de Boulogne, se hérisser dans les

landaus ! Qu'est-ce que cela, mesdames?
Une étincelle de l'âme de Josiane. Il faut,
pour s'y connaître en choses laides, avoir
beaucoup d'esprit, et vous avez beaucoup
d'esprit. — Le plus illustre amoureux du
laid fut le poëte Baudelaire ; les poëtes tiennent un peu des femmes et c'est de beaucoup, certainement, le meilleur de leur
affaire. Josiane éprouve à aimer Gwinplaine
le plaisir d'un poëte qui caresse un paradoxe.

Assistons à leur rencontre.

Gwinplaine, qui s'est évanoui au moment
où on l'a salué pair d'Angleterre, se réveille
dans un palais. Il est ébloui. Il se souvient.
Il veut sortir, retrouver Ursus et Dea, leur
faire partager ses richesses. Il s'élance,
va d'une chambre à l'autre, marche de
merveilles en merveilles, et s'égare
dans ce palais qui est un dédale. Tout à

coup, « il pénètre dans de l'inattendu : »

« Une salle octogone, voûtée en anse de panier, sans fenêtres, éclairée d'un jour d'en haut, toute revêtue, murs, pavage et voûte, de marbre de fleur de pêcher ; au milieu de la salle, un baldaquin-pinacle en marbre drap mortuaire, à colonnes torses, dans le style pesant et charmant d'Élisabeth, couvrant d'ombre une vasque-baignoire du même marbre noir ; au milieu de la vasque un fin jaillissement d'eau odorante et tiède.

« Bain noir fait pour changer la blancheur en resplendissement.

« Vis-à-vis de l'entrée de cette salle, en face de Gwinplaine qui s'était arrêté court, le pan coupé de marbre manquait. Il était remplacé par une ouverture de même dimension, allant jusqu'à la voûte et fermée d'une large et haute toile d'argent.

4.

« Cette toile, d'une ténuité féerique, était transparente.

« Au centre de la toile, à l'endroit où est d'ordinaire l'araignée, Gwinplaine aperçut une chose formidable, une femme nue.

« Nue à la lettre, non. Cette femme était vêtue, et vêtue de la tête aux pieds. Le vêtement, très-long, rappelait les robes d'ange dans les tableaux de sainteté, mais si fin qu'il semblait mouillé.

« La toile d'argent, diaphane comme une vitre, était un rideau. Elle séparait la salle de marbre, qui était une salle de bain, d'une chambre, qui était une chambre à coucher. Cette chambre, très-petite, était une espèce de grotte de miroirs. Partout des glaces de Venise, contiguës, ajustées polyédriquement, réfléchissaient le lit qui était au centre. Sur ce lit, d'argent comme la toilette et le canapé, était couchée la femme. Elle dormait.

« Elle dormait, la tête renversée, un de ses pieds refoulant ses couvertures, comme la succube au-dessus de laquelle le rêve bat des ailes.

« Son oreiller de guipure était tombé à terre sur le tapis.

« Le lit n'avait ni colonnes, ni dais, ni ciel, de sorte que la femme, quand elle ouvrait les yeux, pouvait se voir mille fois nue dans les miroirs au-dessus de sa tête.

« Gwinplaine était, à la fois, pétrifié et bouleversé.

« Cette femme, il la reconnaissait.

« Elle avait les yeux fermés et le visage tourné vers lui, c'était la duchesse.

« Était-ce une fille? Était-ce une vierge?

Les deux. Messaline, présente peut-être dans l'invisible, devait sourire, et Diane devait veiller. Il y avait sur cette beauté la clarté de l'inaccessible. Ce qui se dégageait de ce front inconscient, de cette vermeille chevelure éparse, de ces cils abaissés, de ces rondeurs sculpturales, c'était la divinité d'un sommeil auguste. Cette impudeur se dissolvait en rayonnement. Cette créature était nue avec autant de calme que si elle avait droit au cynisme divin, elle avait la sécurité d'une Olympienne qui se fait fille du gouffre et qui peut dire à l'Océan : Mon père ! Et elle s'offrait, inabordable et superbe, à tout ce qui passe, aux regards, aux songes, aux démences, aussi fièrement assoupie sur ce lit de boudoir que Vénus dans l'immensité de l'écume.

« Tout à coup, la dormeuse se réveilla.

Elle se dressa sur son séant avec une majesté brusque et harmonieuse ; ses cheveux de blonde soie floche se répandirent avec un doux tumulte sur ses reins ; elle toucha de sa main délicate son orteil rose et regarda quelques instants son pied nu, digne d'être adoré par Périclès et copié par Phidias ; puis elle s'étira et bâilla comme une tigresse au soleil levant.

« En même temps, se dressant sur ses genoux, il y a une statue antique ainsi agenouillée dans mille plis transparents, elle tira à elle un peignoir et en fut tout de suite enveloppée. Les manches, très-longues, lui cachaient les mains. On ne voyait plus que le bout des doigts de ses pieds blancs, avec de petits ongles, comme des pieds d'enfant.

« Elle alla au rideau de toile d'argent et l'ouvrit.

« Tiens, dit-elle, Gwinplaine.

« Elle le regarda, fatale, avec ses yeux d'Aldébaran, rayon visuel mixte, ayant on ne sait quoi de louche et de sidéral. Gwinplaine contemplait cette prunelle bleue et cette prunelle noire, éperdu sous la double fixité de ce regard de ciel et de ce regard d'enfer. Cette femme et cet homme se renvoyaient l'éblouissement sinistre. Ils se fascinaient l'un l'autre, lui par la difformité, elle par la beauté, tous deux par l'horreur.

« Il se taisait, comme sous un poids impossible à soulever. Elle s'écria :

« — Tu as de l'esprit. Tu es venu. Qui est-ce qui t'a introduit? Comment t'y es-tu pris? Dis-moi cela. Non, ne me le dis pas. Je t'aime mieux surprenant. Tu tombes de l'Empyrée. Une descente par les nuées ou une ascension dans un flamboiement de soufre. C'est ainsi que tu arrives. Tu mérites d'entrer comme les dieux ! — Gwinplaine, égaré, écoutait, sentant de plus en plus sa pensée osciller.

« La duchesse continua :

« — Puisque tu es là, c'est que c'est voulu. Je n'en demande pas davantage. Il y a quelqu'un, en haut, ou en bas, qui nous jette l'un à l'autre. Fiançailles du Styx et de l'Aurore. Fiançailles effrénées hors de toutes les lois ! — Tiens, je ne remarquais pas. Un habit de gentilhomme. Tu t'es habillé en seigneur. — Tu as une noble taille, tu es très-bien fait. C'est inouï que tu sois ici !

« Elle appuya de nouveau sur lui son regard fixe : — Je me sens dégradée près de toi, quel bonheur ! Être Altesse, comme c'est fade ! Je suis si saturée de respect que j'ai besoin de mépris. Nous sommes toutes un peu des extravagantes, à commencer par Vénus, Cléopâtre, mesdames de Chevreuse et de Longueville, et à finir par moi !

« Elle s'interrompit et eut un sourire effrayant : — Je t'aime, non-seulement parce que tu es difforme, mais parce que tu es vil. J'aime le monstre et j'aime l'histrion. Tu es la vision du grand rire infernal. Tu es le maître que j'attendais. Il me fallait un amour comme en ont les Médées et les Canidies !

« Son regard entrait dans Gwinplaine. Il sentait comme des éclaboussures de feu...

. . . .

« — O monstre ! murmurait-elle. Elle était farouche.

« Tout à coup, tout près d'eux, une

petite sonnerie ferme et claire vibra. Un timbre scellé dans le mur qui tintait.

« Les appartements de Josiane communiquaient avec ceux de la reine.

« L'intérieur d'un tour, tapissé de velours bleu prince, apparut, avec une lettre sur une assiette d'or.

« La duchesse prit la lettre. Le tour se referma et le timbre se tut.

« Gwinplaine, fit Josiane, tu es à moi. Lis-moi ce que m'écrit la reine.

« Gwinplaine prit le vélin, il défit le pli, et, d'une voix où il y avait toutes sortes de tremblements, il lut :

« Madame, le fils légitime de lord
« Linnœus Clancharlie vient d'être constaté
« et retrouvé, sous le nom de Gwinplaine.
« Voulant vous bien traiter et vous con-
« server la transmission des biens et

« domaines des lords Clancharlie, nous
« commandons et voulons, comme reine
« et sœur, que notre dit lord Fermain
« Clancharlie soit votre mari. C'est notre
« plaisir royal. »

« Pendant que Gwinplaine lisait, avec des intonations qui chancelaient presque à chaque mot, la duchesse, soulevée du coussin du canapé, écoutait, l'œil fixe. Comme Gwinplaine achevait, elle arracha la lettre.

« — Soit, dit-elle.

« Et, calme, montrant du doigt à Gwinplaine la portière de la galerie par où il était entré :

« — Sortez, dit-elle, c'est ici la place de l'amant. »

Souvenons-nous des vers de Juvénal. La rencontre est bien curieuse. Oui, Josiane est vraie, vraie d'une vérité synthétique. Elle existe, mais éparse dans des milliers d'êtres humains. Elle est la muse du bizarre et l'ange du scandale. Anglaise, elle résume toutes les extravagances de la femme d'outre-Manche, type populaire, universel, belle dame errante, toujours en quête de mariages ou de fiançailles inusités. Eschyle fond tous les penseurs, tous les révolutionnaires dans Prométhée. Molière fond tous les avares dans Harpagon. De Marguerite de Bourgogne, de Catherine de Russie, de Christine de Suède, de toute femme ayant en elle le goût des raffinements étranges, depuis celle qui rêve un singe en livrée rouge sur le marchepied de son carrosse, jusqu'à celle qui hausse un bateleur jusqu'à elle, Victor Hugo crée Josiane. Par instinct populaire il la fait Anglaise, et par sentiment de l'art, il la fait belle, belle d'une splendeur païenne.

Gœthe, dans le second *Faust*, inaugure la promiscuité de l'art grec et de l'art gothique, et nous montre l'entrée triomphale d'Hélène sous les mille ogives d'un palais du Nord. La confrontation des deux arts est plus saisissante encore, plus vivante, dans l'entrevue à laquelle nous venons d'assister. Dans Josiane, le poëte ressuscite la Grèce, la chair sacrée, cynique, éblouissante, tout le génie antique. Dans Gwinplaine, il résume toutes les difformités gothiques. Josiane, c'est le triomphe de la matière idéale. Gwinplaine, c'est l'âme souffrante sous une écorce vile. Il pourrait s'élancer, avec son masque hideux, des frondaisons de pierre d'une cathédrale. Josiane, elle, pourrait trôner dans un temple et remplacer Amphitrite et Vénus. Les brumes qui enveloppent Gwinplaine ensevelissent Londres et Portland, âpres et déchirées par le vent du nord. Les brumes qui siéraient à Josiane flottent sur l'horizon d'Athènes, à peine dérangées par un souffle, haleine azurée de la mer, et pleines de sonorités où l'on croit reconnaître Homère chanté par des bateliers. Gwinplaine et Josiane luttant et se fascinant l'un l'autre, c'est la rivalité vivante du Parthénon et de Notre-Dame de Paris.

En même temps qu'une idée artistique, il y a dans le masque de Gwinplaine une idée sociale. Au fond, Gwinplaine n'a rien d'un homme, mais il a tout de l'homme. Il est, en quelque sorte, impersonnel. Nul goût particulier, nul penchant dominant, nulle qualité originale. Non. Mais sa vie est une douleur continue. Enfant, il souffre; homme, il souffre. Avec cela, il a un visage qui rit. Gwinplaine n'existe pas à titre de caractère; il existe à titre d'allégorie. Nous n'avons, jusqu'à présent, fait que l'entrevoir. Il a été le point de rapport entre divers tableaux. Où il faut l'envisager, c'est à la chambre des lords. Traçons d'abord le cadre.

Dans son œuvre dernière, *Quatrevingt-Treize,* Victor Hugo a reconstitué la Convention nationale de 1792, c'est-à-dire l'assemblée française par excellence, la grande assemblée patriote et démocratique. Dans l'*Homme qui rit,* il fait revivre l'assemblée anglaise de 1705, le grand parlement aristocratique. De ces deux chambres, l'une ouvre le XVIIIe siècle, l'autre le ferme. L'auteur use, pour les mettre en scène, des mêmes procédés littéraires.

Victor Hugo s'est appuyé, dans la reconstitution de l'assemblée anglaise, sur des documents curieux. Dans son long et fructueux exil, il a beaucoup fouillé Guernesey, le lieu du monde, paraît-il, où il plane le plus d'ennui. Là où l'ennui sévit, on lit beaucoup. Il s'y amasse donc des livres de tous genres, de toutes idées, le plus souvent médiocres, quelquefois curieux, presque toujours dépareillés. Victor Hugo créa, dans sa bibliothèque, le département des livres dépareillés. C'est là, parmi ces vieux bouquins, qu'il découvrit une chose inconnue, l'État détaillé de la grande assemblée d'Angleterre de 1705 par le docteur Chamberlayne. Le grand poëte prit cette paperasse, lut tous ces noms oubliés, et, soufflant sur cette poussière, rendit la vie à la chambre des lords.

Rien de merveilleux, d'actuel, comme le spectacle de cette assemblée politique. C'est la chronique d'une séance parlementaire écrite par Victor Hugo. Nous voyons, d'abord, la salle vide, une antique salle oblongue, reste d'une abbaye aujourd'hui disparue. Au fond, le trône, *la chaise royale*, vide. Les pairs la saluent en entrant. En face du trône, ainsi qu'à droite et à gauche, trois étages de bancs où resplendissent, dans leurs costumes, évêques, marquis, comtes et barons. Au milieu, dans l'espace carré laissé libre, quatre sacs de laine sur des tapis d'état armoriés d'Angleterre. Les parois de la salle des séances sont revêtues d'une tapisserie immense représentant, dans une suite de tableaux, le naufrage de l'Armada.

Peu à peu, on voit entrer les lords par

groupes inégaux, causant de frivolités dans ce lieu majestueux. Les voilà tous, avec leurs noms, se transmettant de petites nouvelles, ébauchant de petites intrigues, riant, parlant, ni très-haut, ni très-bas, faisant à eux tous, tantôt une rumeur, tantôt un murmure, une fumée de paroles. Çà et là, quelques solitaires. Victor Hugo peint tout cela d'un mot charmant : « De l'histoire vue en négligé. »

La merveilleuse aventure de l'Homme qui rit se répand dans l'assemblée et devient le sujet de mille conversations particulières. La stupéfaction est générale. On s'extasie au banc des évêques. Gwinplaine, lui, est là, dans la pénombre, pensif, le front courbé, dissimulé par un rempart de vieux lords qui, sans même attendre l'ouverture de la séance, sommeillent immobiles.

Que se passait-il alors dans son âme ?

L'horreur sociale l'a enveloppé dès sa naissance. A deux ans, on le mutile et on lui donne une famille de bandits. Il passe du sein de sa mère aux mains des comprachicos ; on le sèvre avec du fiel ; il est l'Enfant qui rit avant d'être l'Homme qui rit. Huit ans après, on l'abandonne dans la neige ; il est recueilli, pauvre par un pauvre, vagabond par un homme errant, après que lui-même il vient d'adopter une petite orpheline. A présent, il est pair d'Angleterre et il songe à Dea, jeune, belle, aveugle, amoureuse ! A Ursus, vieux et triste ! Il songe, lui qui en naissant a mordu comme Jésus-Christ à l'âpre fruit de la misère, au peuple qui souffre et qui, devant ses maîtres, jette sur sa servitude, sur sa faim, sur ses veilles stériles, sur sa honte, sur son désespoir, un manteau de joie fausse tout pailleté de rires de clinquant !

Et l'assemblée ! à quoi pense-t-elle ? A rien de grave, en apparence. Au fond, et sans peut-être qu'elle-même s'en doute, elle couve, jalouse, les priviléges de la vieille aristocratie anglaise.

Sur toutes ces pensées, éveillées ou endormies, flotte le murmure d'un parlement qui attend le signal des débats. Une assemblée qui cause ressemble à un orchestre qui accorde ses instruments.

Enfin, la séance s'ouvre. Les lords vont avoir à se prononcer sur l'augmentation d'une rente déjà grasse, allouée à un dignitaire de l'État. Chacun doit voter à voix haute et répondre à la question posée : *Content* ou *non content,* selon qu'il vote *oui* ou *non*.

Le premier lord interrogé se lève et dit : *Content*. Le second : *Content*. Le troisième : *Content*. Ceux qui viennent à la suite répondent de même. Tout à coup, une voix inconnue se fait entendre : *Non content !...* C'était Gwinplaine, debout, se dressant et montrant aux pairs d'Angleterre sa face mutilée.

Citons une page de ce drame étonnant :

« Gwinplaine avait fait sur lui cet effort qui, on s'en souvient, lui était, à la rigueur, possible. Par une concentration de volonté égale à celle qu'il faudrait pour dompter un tigre, il avait réussi à ramener pour un moment au sérieux le fatal rictus de son visage. Il avait jeté sur son front le voile sombre de son âme, mais pour pas beaucoup plus de temps qu'un éclair. Il avait suspendu son incurable rire ; de cette face qu'on lui avait sculptée il avait retiré la joie. Il n'était plus qu'effrayant.

« — Qu'est cet homme ? — Ce fut le cri. Un frémissement indescriptible courut sur tous les bancs. Qu'on s'imagine, sur la montagne réservée aux dieux, dans la fête d'une soirée sereine, toute la troupe des puissants réunie, et la face de Prométhée, ravagée par les coups de bec du vautour, apparaissant tout à coup, comme une lune sanglante à l'horizon... — Vieux et jeunes, béants, regardèrent Gwinplaine.

« Un vieillard vénéré de toute la chambre, Thomas, comte de Warton, se leva effrayé, et apostrophant Gwinplaine avec hauteur :

« — Qui êtes-vous ? D'où sortez-vous ?

« Gwinplaine répondit :

« — Du gouffre.

« Et, croisant les bras, il regarda les lords.

« — Qui je suis ? Je suis la misère. Mylords, j'ai à vous parler.

« Il y eut un frisson et un silence. Gwinplaine continua.

« — Mylords, vous êtes en haut. C'est bien. Vous avez le pouvoir, l'opulence, la joie, le soleil immobile à votre zénith, l'autorité sans borne, la jouissance sans partage, l'immense oubli des autres. Soit. Mais il y a au-dessous de vous quelque chose. Au-dessus, peut-être. Mylords, je viens vous apprendre une nouvelle : le genre humain existe.

« Les assemblées sont comme les enfants ; les incidents sont leur boîte à surprises, et elles en ont le goût et la peur.

« On cria, de toutes parts, autour de Gwinplaine :

« — Écoutez ! écoutez !

« Lui cependant, crispé et surhumain, réussissait à maintenir sur son visage la contraction sévère et lugubre sous laquelle se cabrait le rictus, comme un cheval sauvage prêt à s'échapper.

« Il reprit :

« Je suis celui qui vient des profondeurs. Mylords, vous êtes les grands et les riches. C'est périlleux. Je viens vous dénoncer votre propre bonheur. De cet immense univers, vous ne voyez que la fête ; sachez qu'il y a de l'ombre. Parmi vous je m'appelle lord Fermain Clancharlie, mais mon vrai nom est un nom de pauvre, Gwinplaine. Je suis un misérable taillé dans l'étoffe des grands par Jacques II dont ce fut le bon plaisir. Voilà mon histoire. Plusieurs d'entre vous ont connu mon père, je ne l'ai pas connu. J'ai hésité avant de me laisser amener à cette place où je suis. Mais il m'a semblé que l'obscure main de Dieu me poussait de ce côté, et j'ai obéi. J'ai senti qu'il fallait que je vinsse parmi vous. Pourquoi ? A cause de mes haillons d'hier. C'est pour prendre la parole parmi les rassasiés que Dieu m'avait mêlé aux affamés. Oh ! ayez pitié !... Ce monde fatal dont vous croyez être, vous ne le connaissez point. O vous les maîtres, ce que vous faites, le voyez-vous ? Non ! Ah ! tout est terrible !... Une nuit, une nuit de tempête, tout petit, abandonné, orphelin, seul dans la création démesurée, j'ai fait mon entrée dans cette obscurité que vous appelez la société. La première chose que j'ai vue, c'est la loi, sous la forme d'un gibet ; la deuxième, c'est une femme, morte de froid et de faim ; la troisième, c'est l'avenir sous la forme d'un enfant agonisant...

« En ce moment, Gwinplaine, pris d'une émotion poignante, sentit lui monter à la gorge les sanglots.

« Ce qui fit, chose sinistre, qu'il éclata de rire.

« La contagion fut immédiate. Il y avait sur l'assemblée un nuage ; il pouvait crever en épouvante ; il creva en joie. Le ricanement aiguisa le rire. On battit des mains autour de celui qui parlait, et on l'outragea.

« Gwinplaine considéra, un instant, ces hommes qui riaient.

« Alors, cria-t-il, vous insultez la misère. Silence, pairs d'Angleterre ! Juges, écoutez la plaidoirie. Oh ! je vous en conjure ! ayez pitié ! Pitié pour qui ? Pitié pour vous. Est-ce que vous ne voyez pas que vous êtes dans une balance et qu'il y a dans un plateau votre puissance et dans l'autre votre responsabilité? Dieu vous pèse. Oh! ne riez pas! Méditez! Vous êtes pères, fils et frères, donc vous êtes souvent attendris. Celui de vous qui a regardé ce matin le réveil de son petit enfant est bon. Oh! puisque vous êtes puissants, soyez fraternels; puisque vous êtes grands, soyez doux! Si vous saviez ce que j'ai vu! Hélas! en bas, quel tourment! Pas plus tard qu'hier, moi qui suis ici, j'ai vu un homme enchaîné et nu, avec des pierres sur le ventre, expirer dans la torture. En Coventry, on n'a pas de lit dans les cabanes, et l'on creuse des trous dans la terre pour y coucher les petits enfants, de sorte qu'au lieu de commencer par le berceau, ils commencent par la tombe. J'ai vu ces choses-là. Mylords, les impôts que vous votez, savez-vous qui les paie? Ceux qui expirent. Grâce pour les pauvres ! Regardez à vos pieds ! ô grands ! il y a des petits ! Ayez pitié ! Oui, pitié pour vous ! car les multitudes agonisent et le bas, en mourant, fait mourir le haut. La mort est une cessation qui n'excepte aucun membre. Êtes-vous égoïstes ? Sauvez les autres. La perdition du navire n'est indifférente à aucun passager. Il n'y a pas naufrage de ceux-ci sans qu'il y ait engloutissement de ceux-là. Oh ! sachez-le, l'abîme est pour tous ! »

« Le rire redoubla, irrésistible. Un rire de rois ressemble à un rire de dieux.

« Il y a toujours quelqu'un qui dit le mot où tout se résume.

« Lord Scardsale traduisit en un cri l'impression de l'assemblée :

« — Qu'est-ce que ce monstre vient faire

ici ? Gwinplaine se dressa, éperdu et indigné, dans une sorte de convulsion suprême. Il les regarda tous fixement :

« — Ce que je viens faire ici ? Je viens être terrible. Je suis le peuple, je suis l'Homme ! Je suis l'effrayant Homme qui rit ! Ce rire qui est sur mon front, c'est un roi qui l'y a mis. Ce rire veut dire haine, silence contraint, rage, désespoir. Ce rire est un produit des tortures. Ce rire est un rire de force. L'homme est un mutilé. Ce qu'on m'a fait, on l'a fait au genre humain. On lui a déformé le droit, la justice, la vérité, la raison, l'intelligence, comme à moi les yeux, les narines et les oreilles ; comme à moi on lui a mis au cœur un cloaque de colère et de douleur, et sur la face un masque de contentement. Mylords, je vous le dis, le peuple c'est moi. Aujourd'hui, vous l'opprimez ! Mais l'avenir viendra. Tremblez ! Les paradis bâtis sur les enfers chancellent ! On souffre, on souffre, on souffre ! Et ce qui est en haut penche, et ce qui est en bas s'entr'ouvre ; c'est le peuple qui vient, vous dis-je, c'est l'homme qui monte, c'est la rouge aurore de la catastrophe, et voilà ce qu'il y a dans ce rire dont vous riez. Tout ce que vous voyez, c'est moi ! Vous avez des fêtes, c'est mon rire. Vous avez des joies publiques, c'est mon rire ; vous avez des naissances de princes, c'est mon rire. Vous avez au-dessus de vous le tonnerre, et c'est mon rire ! »

Il serait difficile de trouver une allégorie plus profonde, plus saisissante. Gwinplaine est né noble « et beau comme le jour » ; l'humanité est sortie libre de Dieu, tenant de lui une sorte de divinité, comme le fils de lord Clancharlie tient la noblesse de son père. Les comprachicos ont mutilé Gwinplaine, les sociétés ont mutilé l'humanité. Et voyez ! Gwinplaine parlant aux lords est effrayant ou risible. Il est, fatalement, l'un ou l'autre. Le plus souvent il égaie l'assemblée, il l'épouvante lorsqu'il parvient à éteindre la joie de son masque. N'est-ce pas là, aussi, l'image d'un peuple opprimé, asservi, défiguré ? On rit, si par hasard il ose revendiquer sa part de grandeur humaine. Puis, tout à coup, on tremble, et l'être qui nous désopilait nous remplit d'effroi. Pendant des siècles, ce peuple fournit aux grands des valets, des bouffons, des bourreaux, des femmes gaies d'une gaieté hideuse... Qu'il serait ridicule s'il lui arrivait jamais de se piquer, et quelle plaisante mine il ferait sous le bâton ! Eh bien !... il lui suffit de ne plus rire pour faire trembler l'Europe. Vous l'avez rendu vil, grotesque ; vous lui avez tout ôté de l'âme, une seule chose exceptée : la faculté de se transfigurer dans la terreur. Quatre-vingt-Treize, c'est la minute où Gwinplaine suspend son rire.

Tel est l'*Homme qui rit* dans sa donnée philosophique. Jamais œuvre, plus que celle-là, n'a fait appel aux réflexions. L'*Homme qui rit* est, par excellence, le livre qui fait penser. Bornons-nous, pour compléter cette étude, à quelques considérations sur l'ensemble du roman.

L'Homère de l'Iliade juive, plus naïve encore que l'Iliade grecque, nous montre Dieu pétrissant l'homme dans la boue et modelant une statue, l'image même de son sculpteur, moins grande que lui, mais aussi belle. Dieu est le premier auteur qui se soit mis en scène dans ses ouvrages. — Il n'a, jusqu'à présent, fait qu'une statue, mais il va lui infuser une âme. Il souffle sur cette forme qui devient un être. Nous retrouvons là l'histoire de tous les poëtes.

Ils sont de deux sortes : ceux dont les personnages vivent, et ceux dont les personnages ne vivent pas. On en voit qui n'accomplissent jamais que la première partie de l'œuvre de Dieu. Ils font des statues, souvent admirables, bien drapées, finement ou largement sculptées, mais qui demeurent, hélas ! des statues. D'autres, au contraire, mènent l'entreprise divine jusqu'au bout, jusqu'à l'âme. Un livre, harmonieusement écrit, où le génie de la langue se déploie en douces périodes, et qui n'est pas vivant, c'est Télémaque ; un livre qui vit, c'est l'*Homme qui rit.*

Lisez-le et vous y sentirez tressaillir la vie. Ursus ! On le touche, on le sent penser, grommeler, disserter, on l'aime ! Josiane ! Il semble qu'on la voie, qu'on l'entende respirer dans son sommeil. Comme ses moindres mots trahissent l'âme, comme sa chair s'étale superbement dans le velours et la soie, comme elle sourit, comme elle boude, comme elle est vraiment orgueilleuse, vraiment belle et vraiment corrompue !

La vie, l'âme, Victor Hugo les met jusque dans les choses. Il établit une sorte de promiscuité entre la nature et l'homme. Il n'y a pas d'instinct plus vivace en nous que celui du panthéisme. Les mythologies grecques, latines, indiennes, barbares, reposent sur un sentiment profondément humain : la croyance vague à l'âme des choses. Rien de plus facile que de reconstituer la généalogie des religions antiques, beaucoup moins folles qu'on paraît le croire. Vous avez habité, pendant dix ans, une maison fort chétive, branlante, incommode dans un petit coin perdu. Un jour, vous la quittez et vous sentez en vous un imperceptible attendrissement, timide, peut-être inavoué, mais réel ; il vous semble que cette masure vous regrette. Est-ce que cela ne prouve pas que vous lui supposez une âme? De cet esprit, vaguement senti, les anciens ont fait les dieux pénates. — Vous errez, la nuit, dans une ruine déserte où l'ombre déforme les pans de murs et les transfigure en fantômes. Tout prend une attitude de guet et d'hostilité. Vous pensez,

malgré vous, à des esprits possibles, c'est-
à-dire à l'âme des choses. De ces esprits,
l'Orient a fait des Djins... Peut-être paraî-
trons-nous émettre un paradoxe, mais on
peut dire que tout poëte qui veut peindre la
nature doit être secrètement panthéiste ; s'il
ne l'est pas, il n'écrira rien qui vaille. Ce
sentiment, vieux comme l'homme, éternel
et secret du panthéisme, Victor Hugo le
traduit dans son style puissant et plein de
tressaillements. Il sème d'esprits et de
divinités l'air, les montagnes, les fleuves,
les mers. Et tous ces esprits chantent, pleurent, hurlent et vivent dans ses tableaux.
Il fait de l'Océan un monstre aveugle, ayant
une volonté, un but, des desseins cachés.
Chez lui, les forêts et les fleurs semblent
avoir de mystérieuses intentions. Rien de
vivant, rien d'humain comme un paysage

de Victor Hugo. Il dit de la neige qui tombe : elle est comme l'hypocrisie, « une superposition de blancheurs ». Il met dans le vent, dans les rochers, dans les arbres, une sorte de personnalité éparse et embryonnaire. Il approprie le sentiment du panthéisme à l'esprit de morgue envers toute divinité qui caractérise l'extrême civilisation. Quand on pense qu'au XVIIe siècle on parlait encore de Pomone, de Flore, de Neptune, fictions perdues de vieillesse et de poussière ! il fallait comprendre que l'instinct du panthéisme, toujours réel, devient de plus en plus vague à mesure qu'on s'éloigne de l'antiquité et que les fées avaient déjà moins de contours que les déesses. Victor Hugo, lui, a fait palpiter les immortels sans les nommer. Il a brisé les idoles et montré les dieux !

Il n'y a pas que le style, dans l'*Homme qui rit*, qui révèle une intuition profonde de l'homme et de la nature. L'œuvre elle-même, dans sa conception, en témoigne avec éclat. Le poëte ne se contente pas de noter et de comprendre ce que dit ou fait un avare ou un amant dans des circonstances données, il saisit aussi la loi même des accomplissements ou des avortements humains. Il y a des romanciers qui observent l'infiniment petit; lui, il observe l'infiniment grand. Il sait dans quelle mesure se mélangent la volonté humaine et la volonté divine. Il met en scène l'homme et Dieu. Ici, encore, c'est la vie qu'il infuse, l'âme qu'il souffle aux événements dans lesquels il signale vaguement une intention toute puissante et occulte. Prenez l'*Homme qui rit* : au début, les comprachicos abandonnent Gwinplaine et prennent la mer. Pourquoi? Pour perdre Gwinplaine et se sauver. Qui est sauvé? Gwinplaine. La mer engloutit les bandits. — Jacques II fait défigurer un enfant. Que veut-il? Le rayer de la chambre des pairs. A quoi aboutit le crime du roi ? A l'entrée retentissante de Gwinplaine à la chambre des pairs. S'il n'eût pas été mutilé lord Fermain Clancharlie n'eût été, sans doute, qu'un noble très-ordinaire, très-calme, très-médiocre et très-royaliste. Guillaume III édicte des décrets contre les comprachicos. Pourquoi? Pour les détruire. Le premier effet de cet acte de justice est de déterminer la fortune d'un jeune lord vendu à des brigands. Personne ne songeait à cela, si ce n'est quelqu'un de mystérieux. Est-ce que vous n'assistez pas à la lutte du libre arbitre et des puissances surhumaines ? En est-il autrement dans la réalité ? Pouvait-on, dans des événements prodigieux et pleins d'une saveur épique, afficher d'une main plus hardie la grande loi fatale ou providentielle, celle que Victor Hugo avait déjà reconnue dans ces vers :

> O révolutions, j'ignore,
> Moi, le moindre des matelots,
> Ce que Dieu dans l'ombre élabore
> Sous le tumulte de vos flots.
> La foule vous hait et vous raille.
> Mais qui sait comment Dieu travaille ?
> Qui sait si l'onde qui tressaille,
> Si le cri des gouffres amers,
> Si la trombe aux ardentes serres,
> Si les éclairs et les tonnerres,
> Seigneur, ne sont pas nécessaires
> A la perle que font les mers !

L'*Homme qui rit*, on a pu en juger, offre bien des splendeurs. Pourtant, lorsqu'il parut, l'accueil fut médiocre; on le reçut comme un trouble-fête. Quel était donc le public de 1869 ? Parlons-en librement. Ce temps, matériellement, n'est que d'hier; moralement, il se perd dans les âges. L'eau qui, depuis, a coulé sous le pont de la Concorde, a charrié du sang et reflété la guerre, et cela vieillit l'histoire. On se souvient de 1869 comme on se souviendrait de 1788; on se rappelle 1870 comme on se rappellerait 1789.

Diderot a laissé un conte intitulé l'*Oiseau bleu*. Une sultane, nerveuse, blasée, assiégée de vapeurs, est assoupie sur des coussins. Comme elle est adorablement frivole et ennuyée ! Le croirait-on ? des femmes ont charge de la chatouiller pour lui donner l'illusion de la vie. Près d'elle, à tour de rôle, des émirs disent des contes pour la distraire ou l'endormir... Cette sultane, c'est la France de 1869 ; ces chatouilleuses, c'est la presse légère ; ces émirs, ce sont les romanciers et les dramaturges et quelques-uns sont de grands artistes. Les histoires qu'on récite là sont, presque toujours, délicieusement vides. Un salon, quelques plantes grasses, une femme, un amant... C'est là toute l'imagination, toute la philosophie, tout l'art des auteurs. On avait eu l'âge d'or et l'âge de fer, on avait l'âge de mousseline. Et l'on aimait l'infiniment petit, l'adultère dans un boudoir. Alors apparut l'*Homme qui rit*. Un poëte entrait chez la sultane, ruisselant de rayons, secouant de ses habits l'âpre parfum de la grande nature, et parlant une langue divine, car cet émir était celui des *Orientales!* On le reçut mal ; il était, alors, inconvenant d'être grand. Dans le même temps, l'un des conteurs ordinaires de la sultane lui dit une histoire digne d'être écrite par Tartempion de passage à Sodome, et l'on assista à ce spectacle invraisemblable : la chute de l'*Homme qui rit* et le triomphe de *Mademoiselle Giraud ma femme!* On préféra la muse fardée, essoufflée et portant un chignon jaune à la muse féconde qui avait une étoile au front !

On cria à la décadence.

Est-ce donc une décadence que de produire, dans la vieillesse, une œuvre où resplendissent à la fois les conceptions esthétiques et les conceptions sociales; où brille l'amour idéal, et qu'on ne peut voir sans pleurer, d'un orphelin défiguré aimé d'une orpheline aveugle; où la misère et la servitude sont burinées dans un masque palpitant; où l'art antique s'incarne dans

une femme belle de tous les éblouissements
de la chair, et l'art gothique dans une face
hideuse; où tout est vivant, créé, surabon-
dant d'invention et de séve? Non! ce n'est
pas être en décadence que de rester, malgré
les deuils, malgré les luttes, malgré l'exil,
malgré les haines, jeune, souriant et juste,
et d'avoir gardé, septuagénaire, toute sa
voix, toute son âme et toutes les cordes de
sa lyre!

QUATREVINGT-TREIZE

Un des maîtres de la critique moderne, celui de tous qui a, peut-être, les plus grandes manières, M. Paul de Saint-Victor, admirait, dans des pages récentes, la jeunesse intarissable de Victor Hugo. N'est-ce pas chose étonnante, en effet, que ce poëte septuagénaire allumant sans relâche de nouvelles étoiles dans notre ciel littéraire ? Le vieil Eschyle, plus grand que Sophocle, succomba devant lui dans une lutte poétique : Victor Hugo aurait aujourd'hui l'aile plus jeune qu'un Sophocle de vingt ans. L'âge n'a pas rouillé son essor.

Il y a trois mois, un livre paraissait en même temps en Europe et en Amérique. Un roman était l'entretien de tous les peuples qui savent lire. Il est vrai qu'il venait de la France, et que, signé d'un grand nom, il parlait d'une grande époque.

A mesure qu'on avance dans ces trois volumes, on est, à la fois, charmé et bouleversé. L'extrême grandeur et l'extrême grâce y mêlent leurs rayonnements. Parfois, l'épopée tout entière se fond en un sourire, comme l'éclair concis d'une épée se dissoudrait en un rayon de soleil. L'œuvre a la simplicité d'une tragédie antique. Trois grandes figures, animées d'âmes différentes, se détachent sur un fond de guerre, au-

dessus d'un berceau où dorment des enfants.
Elles incarnent trois idées : Lantenac est la
royauté, Cimourdain la révolution, et Gauvain l'humanité. Les enfants, victimes innocentes des catastrophes, sourient à toutes
les choses sombres qui les entourent. Un
instant, les trois puissantes figures semblent
prêtes à se réconcilier pour les bénir; l'une
d'elles se détourne, la plus tragique, celle
de Cimourdain. Tel est le tableau d'ensemble
qu'offre *Quatrevingt-treize*. Le poëte n'y
a pas mis d'amour. On démêle une intention profonde dans cette rigidité. L'œuvre
est vierge comme la déesse de la Révolution.

Il s'est établi une sorte d'intimité entre
l'Océan et le génie de Victor Hugo. Les
drames de la mer tiennent une place considérable dans ses derniers romans. On y

sent la contemplation passionnée de cette immensité perfide ou tumultueuse à laquelle Othello compare Desdémone. En même temps qu'il manie la masse des flots avec une puissance de dieu, il en observe tous les détails. On pourrait presque dire qu'il regarde le vieux Neptune au microscope. *Quatrevingt-treize* renferme une des plus belles marines littéraires que le poëte nous ait données. Un soir, au mois de juin 1793, une corvette quitte Jersey et se dirige vers la Bretagne. La *Claymore* est un navire d'embuscades aux lourdes allures marchandes. Nul ne se douterait, à la voir, qu'elle est armée et peut, brusquement, se hérisser de feux terribles. Elle rappelle ces bandits d'un conte de Schmid, qui pénètrent dans un château déguisés en moines et qui sous leurs frocs ont, au lieu de cilices, des poignards et des cottes de mailles. La *Claymore* transporte en Vendée des soldats royalistes. Il fait nuit, le brouillard s'effrange sur la mer en longs haillons de brume ; la corvette file sournoisement dans cette ombre comme un voleur à travers les branches d'une forêt. Sur le pont, un passager, vêtu en paysan, erre mystérieusement. Malgré ses cheveux blancs, il a l'air d'un jeune homme, et, malgré ses habits, il a l'air d'un prince.

Le capitaine et le commandant en second s'entretiennent des choses de la guerre. L'un est le comte du Boisberthelot, l'autre le chevalier de la Vieuville, tous deux bons marins et bons royalistes. Aucun poëte ne sait, comme Victor Hugo, mettre en scène des gentilshommes. Grandes manières, politesse crâne, insouciance et ironie, il exprime tout cela d'un coup de plume. Ses barons et ses ducs manient le sourire du bout des lèvres aussi superbement qu'un jongleur manie des boules et des sabres. Le marquis de Saverny, dans *Marion de Lorme*, est proverbial. Peut-être n'a-t-on pas assez remarqué, dans *Quatrevingt-treize*, la Vieuville et du Boisberthelot. Ils dialoguent à bâtons rompus, et leurs paroles s'en vont dans la nuit, vaillantes et sonores. Vous diriez la passe d'armes de deux compagnons qu'on ne voit pas, mais qu'on entend, et dont les épées se taquinent pour tuer le temps. C'est, il faut le dire, une noblesse de décadence que la Vieuville et du Boisberthelot. Ils n'ont que le courage, la loyauté et l'enveloppe hautaine. Tous deux ont lu d'Holbach et Diderot et perdu la vieille foi de leurs pères.

— Croyez-vous en Dieu? dit du Bois-berthelot.

— Quelquefois, dit la Vieuville. Malgré tout, ils sont royalistes, par fierté, dédain du populaire, et besoin de tutoyer la roture pour la protéger ou la battre.

Tout à coup, un cri de terreur éclate sur la corvette et les matelots refluent violemment de l'entre-pont sur le pont. En même temps, on dirait qu'un bélier de guerre se rue contre les parois intérieures de la *Claymore*. Un canon a brisé son amarre et, mis en mouvement par l'oscillation de la mer, va de droite à gauche, en tous sens, heurtant le navire et bondissant avec une furie de tonnerre sous le fouet invisible du roulis.

Nous assistons, alors, à un spectacle qui a le merveilleux d'un rêve et l'intérêt poignant d'une réalité. Il semble qu'on soit emporté dans le tourbillon d'une scène d'Apocalypse. Le chef de pièce, dont l'imprudence a causé cette catastrophe, se jette dans l'entre-pont comme un gladiateur dans l'arène. Une lutte inouïe s'engage, la nuit, en pleine immensité. D'une part, l'Océan donnant sournoisement l'impulsion au canon, et de l'autre un homme! Le canon, agité par je ne sais quel délire, éperdu, semble en proie à quelque dieu farouche. On croit voir, en lisant ces pages, une main secouer du rouge devant le monstre d'airain. L'homme l'évite, va pour le surprendre, et lui parle comme, dans *Notre-Dame de Paris*, Quasimodo parle à sa cloche favorite. D'autres fois, le canon a l'air d'être la pierre d'une fronde invisible que manie l'Océan. Pendant toute cette scène, le poëte, dénonçant l'ennemi, montre au loin la mer qui gronde.

Mais voici qu'un vieillard descend, impassible, dans l'arène. Tous reconnaissent les cheveux blancs du mystérieux passager. Au risque d'être broyé par la masse roulante, il jette sous elle un ballot de faux assignats. Elle hésite, et le chef de pièce, plongeant une barre de fer dans les roues du canon, enraye le déchaînement du monstre.

Le drame, alors, se précipite de revirements en revirements avec une sorte de frénésie. Le comte du Boisberthelot aborde le vieillard et désignant le chef de pièce : « Vous êtes le général, lui dit-il, ne pensez-vous pas qu'il y ait quelque chose à faire pour cet homme ?

— Je le pense », répond le vieillard, et il

attache la croix de Saint-Louis à la poitrine du marin. L'équipage éclate en acclamations. Mais l'inconnu ajoute aussitôt :
« Maintenant, qu'on fusille cet homme.
« Sur mer, on est en face de l'ennemi.
« Toute faute est punie de mort. » Quelques instants après, une décharge de mousqueterie éclatait sur la corvette.

La *Claymore*, trouée, pleine de plaies béantes, vogue errante dans l'obscurité. Tout à coup, la brume se déchire de l'orient au couchant, et les royalistes se réveillent entre un écueil et une flotte qui les épie. Le tableau est admirable de vigueur. Le brouillard se fend comme un rocher dans un tremblement de terre ; une immense brèche de lumière blanche s'ouvre dans la brume ; des groupes de silhouettes noires se dessinent, à chaque extrémité du défilé, les unes sur la lueur de la lune qui se couche, les autres sur le rayonnement de l'aurore ; on dirait qu'elles gardent les issues. L'un de ces groupes est l'écueil des Minquiers, l'autre est l'essaim de voilures de la croisière française. On entend, alors, à cette heure poignante, ces fières paroles aller du pilote au capitaine : « Pilote, où sommes-nous ? — Près des Minquiers. — Combien ont-ils de canons ? — 380. — Et nous ? — 9. — Peut-on s'embosser ? — On peut toujours mourir. »

Ces reparties se heurtent dans le crépuscule. Le pilote a un stoïcisme laconique, presque muet, mêlé d'une sorte de rêverie vaillante. La Vieuville et du Boisberthelot sont gais ; ils ont l'héroïsme badin. Tous sont calmes, ils vont mourir. Le pilote, la lunette braquée sur la flotte ennemie, jette les noms des navires au capitaine, et ces noms tombant lentement dans l'espace ont le tintement suprême de l'heure qui sonne. Quelques instants après, la flotte et la *Claymore* font feu de toutes leurs bouches.

Il y a quelque chose de magique dans cette entrée en bataille. L'Océan, la brume, l'aube naissante, et ces navires qu'on voit subitement ceindre des créneaux de flamme et de fumée, donnent l'illusion de la féerie. On croit assister à quelque prodigieuse scène d'opéra. Le comte du Boisberthelot, élevant le porte-voix, jette au vent ce récitatif : « Marins du roi ! nous allons voir se lever notre dernier soleil ! » Aussitôt, deux chœurs se répliquent dans les profondeurs de l'horizon : « Vive le roi ! vive la République ! » Et les canons éclatent, comme au signal de l'archet un orchestre se déchaîne.

Mais ce n'est là qu'une situation. Le

drame n'est pas dénoué. Deux hommes vont échapper à l'engloutissement de la *Claymore*, un matelot et le passager. Ce dernier est le général des troupes royalistes, l'âme promise à la Vendée; il ne faut pas qu'il meure. Le comte l'a montré à l'équipage qui, prêt à périr, a réclamé le salut de son général. Un homme de bonne volonté s'est offert à ce chef inconnu, et tous deux, en ce moment, glissent dans une barque vers la terre. Soudain le matelot lâche les avirons, se lève et dit au vieillard : « Je suis le frère de l'homme que vous avez fait fusiller. Il faut que je vous tue! » Le vieillard accueille la menace avec dédain, presque avec insouciance. Seul, sans défense, assis à l'arrière du canot, il reste impassible. Halmâlo, c'est le nom du marin, porté à sa ceinture un pistolet, un poignard et un rosaire. Debout, les bras croisés, menaçant, « l'air doux », il laisse la barque aller à la dérive. Mais à son tour le vieillard se lève et, sans se dévoiler, il augmente encore, par sa parole, la grandeur mystérieuse dans laquelle il apparaît. Tous les arguments avec lesquels on peut terrasser un croyant ou fasciner une raison obscure, il les invoque et les enveloppe d'une flamboyante éloquence. C'est à la fois naïf et lumineux. Chaque phrase, chaque mot, sont des éclairs pour ce pauvre esprit de marin et de paysan. Halmalô tombe à genoux et demande grâce. L'homme tout-puissant par la force se jette aux pieds de l'homme tout-puissant par le verbe. Le canon dompté et Halmalô terrassé sont deux victoires de l'âme sur la matière, de l'esprit sur la bête. Le vieillard s'échappe à la faveur de l'éblouissement comme d'autres s'échappent à la faveur de l'ombre. A tout instant, cette scène est coupée par le retentissement lointain du combat. La *Claymore* expire à l'horizon; on dirait, aux coups de canon, ses derniers hoquets d'agonie. Cependant le vieillard parle dans l'immensité, et l'aube, qui se lève derrière lui, semble jaillir de ses cheveux blancs.

L'homme qui peut ainsi défier la mort d'un regard, et l'arrêter d'un geste, est le marquis de Lantenac, prince en Bretagne, et seigneur des sept forêts.

Nous venons de voir comment Victor Hugo sait jeter un drame dans le tumulte de la mer. Voyons maintenant comment il sait peindre les enfants. Le grand poëte se penche tour à tour sur l'Océan où il voit l'infini et sur les berceaux où il voit l'avenir.

Quel merveilleux sujet de tableau pour un artiste que le chapitre intitulé : *Le bois de la Sauldraie!* Un bataillon républicain, le bataillon du bonnet rouge, fouille un bois regorgeant des plus délicieuses végétations et, comme dit le poëte, tout rempli de ténèbres vertes. On est en Vendée, au plus doux du printemps, et dans le feu de la guerre civile. Ce bois est le plus terrible lieu qu'on puisse rêver. Des souterrains, témoins séculaires des mystères des druides, circulent sous les arbres. La forêt a ses catacombes, pleines de chouans réfugiés, de brigands prêts à surgir de terre. Les soldats, l'œil au guet, s'avancent avec précaution à travers les branches et mêlent l'éclair de leurs baïonnettes aux minces lames de lumière que le soleil enfonce çà et là dans les interstices de la verdure. Les petits oiseaux gazouillent. Quelques-uns, par leur cri sec et métallique, imitent le cliquetis des armes. Tout est calme, ombreux, charmant. Les vagues profondeurs du bois de la Sauldraie donnent l'illusion des transparences sous-marines et rappellent la caverne de la Pieuvre dans les *Travailleurs de la Mer*. Douces et mystérieuses demeures hantées, l'une par un poulpe hideux, l'autre par la guerre, toutes les deux par une hydre.

Tout à coup, un bruit s'échappe d'un fourré. Aussi prompts que la foudre, les grenadiers cernent le point suspect et abaissent un cercle de fusils braqués. Mais en ce moment même une cantinière, curieuse et vaillante Parisienne, hasarde un œil au travers des broussailles, se jette au-devant des soldats et s'écrie : « Ne tirez pas, camarades ! c'est une mère et ses enfants ! » Il y a là, en effet, une femme en guenilles, hâve, amaigrie, et couvrant de son corps trois enfants dont l'un cramponne au sein ses lèvres toutes blanches de lait. La mère est une paysanne, la plus pauvre, la plus ignorante, la dernière de toutes, mais elle est mère et cela suffit pour qu'elle soit tragique; elle a, dans le geste dont elle protége ses enfants, quelque chose de l'envergure de l'aigle. Autour d'elle, les grenadiers se rangent peu à peu, bons, mais farouches. A leurs pieds, sur leurs têtes, au loin, partout, le printemps respire dans l'air tiède. On ne voit pas le ciel, mais on le devine bleu à travers les feuilles.

En tête des soldats attroupés là se trouve Radoub, figure digne, comme celle de Gavroche, de rester proverbiale. Radoub est

le sergent. Il y a, chaque soir, en France,
un bon millier de Radoubs qui jouent avec
des cartes grasses sur la petite table d'une
chambrée. Radoub joint l'habitude de toujours raisonner à celle de toujours obéir. Il
a l'instinct du contrôle et le pli de la disci-
pline. Deviser et traiter systématiquement
une question, voilà son fait. Radoub se
montre volontiers sentencieux. Il y a même
de la pompe dans son élocution, et l'ora-
teur sait amortir le choc des mots par des
liaisons veloutées et inattendues, tandis
qu'au mouvement de ses lèvres on sent
vaguement la présence d'une chique. C'est
un soudard dans lequel il y a du péripaté-
ticien. Brave d'ailleurs, terrible au feu,
sympathique et débonnaire, il a le culte de
la patrie. « Face velue, dit Victor Hugo,
avec deux yeux qui sont deux braises. »

Radoub est un penseur de caserne, tout cœur et tout poil, et deux fois redoutable. Il vous endormirait comme Nestor et vous tuerait comme Achille.

L'interrogatoire que Radoub fait subir à la mère touche à la fois à la comédie et à la tragédie. Quelle stupeur dans les réponses de cette mère vagabonde! Elle ne comprend pas les questions, elle tremble, elle bégaye! On a brûlé sa chaumière, fusillé son mari. Une bataille a brusquement passé sur sa paroisse! Rien n'est poignant comme cet anéantissement de toute faculté par l'épouvante et le souvenir des catastrophes. Il y a dans cette mère je ne sais quoi de douloureusement bestial. Ses paroles rappellent les gémissements de la bête blessée que vont achever des chasseurs.

Radoub est paternel, mais en même

temps il est formaliste. Il parle tantôt
comme un garde champêtre, et tantôt
comme une vieille femme prête à larmoyer.
Scène touchante que celle où l'on voit une
troupe venue pour la guerre, recueillir des
enfants, et de vieux grenadiers, noirs de
poudre, étouffer une larme dans un juron.

L'aîné de ces enfants a quatre ans, et le
second trois, le troisième a vingt mois. Ils
sont deux garçons et une fille, et se nomment
René-Jean, Gros-Alain et Georgette. Ils
parlent à peine, ils ne sont même pas à
leur aurore. La nuit plane encore sur nous
à cet âge. On est, peut-être, né à la vie, on
ne l'est pas encore au jour. L'âme n'ouvre
les yeux que lorsque l'oiseau a pris ses
plumes. Eh bien! ces enfants seront les
héros du plus grand drame qu'aient jamais
joué les hommes! Ils ne parleront pas,

ils bégayeront; ils n'auront pas l'intelligence, ils auront le sourire. En pleine guerre civile ils garderont leur joie, si haut dans leur innocence que pas un reflet sinistre n'ira les effleurer. C'est d'eux surtout qu'on pourra dire :

Saus le comprendre encor ils regardent le monde.

Une heure viendra où tous les événements, tous les acteurs, tout ce qui, dans l'action, tient un rôle ou une place, depuis la grande et sombre figure du comité de Salut public jusqu'à l'abeille et au papillon qui entrent par les fenêtres et promènent leur curiosité chez les hommes, se groupera près d'un berceau et déroulera, autour de trois têtes roses, comme une vignette épique pleine de drapeaux frissonnants, de fumée, de haches et d'épées!

Le marquis de Lantenac, échappé au naufrage de la *Claymore* et à la vengeance d'Halmalô, s'est mis à la tête de l'insurrection vendéenne. Il surprend, un jour, avec une petite armée, le bataillon du bonnet rouge, le taille en pièces et fait exécuter les prisonniers. Dans le nombre se trouvaient deux femmes, fusillées comme le reste. L'une d'elles est la Fléchard, cette mère adoptée par le bataillon. Heureusement, les balles ne l'ont que blessée. Un mendiant l'a recueillie et guérie. Quant aux trois enfants, le marquis les a fait enlever par ses hommes; la Fléchard se met à leur recherche dès qu'il lui revient un peu de force. Elle ne sait où aller. On lui dit bien que les gens de Lantenac ont emporté trois enfants dans la Tourgue, un vieux château; mais elle ne sait pas où est la Tourgue.

Elle va devant elle, au hasard, n'ayant qu'une pensée au cœur, ses enfants, qu'un mot sur les lèvres, la Tourgue, et plongeant dans l'horizon ses yeux pleins d'épouvante.

Qu'est-ce donc que ce château, la Tourgue, et que s'y passe-t-il? C'est une forteresse où Lantenac s'est réfugié avec les siens. L'armée républicaine l'y a suivi et bloqué. En ce moment, tout est prêt pour l'attaque. Quelque chose de sinistre se dégage du vieux château et du camp républicain. Les canons roulent; le clairon sonne : le soleil, mille fois reflété par l'acier des armes, semble déchiqueté en éclairs ternes et froids. Dans la Tourgue, on prépare tout pour une résistance désespérée. Des armes, chargées d'avance, sont amoncelées sur des tables. On remplit de poix et de résine les chambres inférieures afin de pouvoir, à l'instant suprême de la défaite, s'engloutir dans l'incendie. Tout est sombre malgré le printemps. Il y a dans l'air un cliquetis de guerre et je ne sais quelle attente dans le frisson des drapeaux. Des soldats qui vont mourir sont gais, souvent, d'une gaieté héroïque. Cette fois, il y a de la tristesse, presque du spleen, chez les grenadiers républicains; le sergent Radoub se cache, peut-être pour pleurer. Les hommes de Lantenac retiennent des otages. Les Français les ont réclamés aux Vendéens; mais ces derniers espèrent fléchir l'assaillant et obtenir une retraite honorable; ils ont refusé de les rendre et les ont enfermés dans une salle de la Tourgue. Ces otages, les soldats les connaissent et les ont tenus dans leurs bras et sur leurs genoux; ces otages seront les premiers dévorés par l'incendie, car le lieu où ils sont relégués est au-dessus des chambres où l'on a jeté la poix et la résine; ces otages, une femme égarée dans les bois et les chemins les cherche et les appelle! Ces otages sont des enfants!

Que font-ils? — Ils dorment. Le soleil est levé pourtant, et plus d'une hirondelle est, sans doute, entrée bruyamment auprès d'eux par leur fenêtre ouverte et, sans les réveiller, a plané sur leurs berceaux. Le plus jeune ouvre les yeux; c'est une petite fille, elle se nomme Georgette. Quel réveil! « Elle se dresse sur son séant, regarde ses pieds et se met à jaser. » Un rayon d'aurore joue avec sa nudité d'enfant. Elle bégaye, en riant, des mots inconnus. Elle a sa rêverie à elle. Le poëte écoute et traduit ce gazouillement. Chose inouïe! nous assistons à un monologue angélique, nous entendons un langage jusqu'alors incompris :

« Ce murmure, dit Victor Hugo, a eu son commencement dans le ciel et n'aura pas sa fin sur la terre. Ce qu'un oiseau chante, un enfant le jase. C'est le même hymne. Hymne indistinct, balbutié, profond. L'enfant a, de plus que l'oiseau, la sombre destinée humaine devant lui. De là, la tristesse des hommes qui écoutent mêlée à la joie du petit qui chante. Le cantique le plus sublime qu'on puisse entendre sur la terre, c'est le bégaiement de l'âme humaine sur les lèvres de l'enfance. Ce chuchotement confus d'une pensée qui n'est encore qu'un instinct contient on ne sait quel appel inconscient à la justice éternelle, peut-être est-ce une protestation sur le seuil avant d'entrer..... Ce que balbutiait Georgette ne l'attristait pas, car tout son beau visage était un sourire. Sa bouche souriait, ses yeux souriaient, les fossettes de ses joues souriaient. Il se dégageait de ce sourire une mystérieuse acceptation du matin. L'âme a foi dans le rayon. Le ciel était bleu, il faisait chaud, il faisait beau. La frêle créature, sans rien savoir, sans rien connaître, sans rien comprendre, mollement noyée dans la rêverie qui ne pense pas, se sentait en sûreté dans cette nature, dans ces arbres honnêtes, dans cette verdure sincère, dans ces bruits de nids, de sources, de mouches, de feuilles, au-dessus desquels resplendissait l'immense innocence du soleil. »

Voilà ce qu'un grand poëte entend s'envoler de l'âme d'un enfant. Il sourit lui-même et nous montre du doigt un essaim de pensées roses, rappelant les esprits bleuâtres sans cesse évoqués par la poésie allemande, monter vers le ciel, des lèvres de Georgette.

Les garçons s'éveillent aussi, et à peine éveillés se mettent à manger. Lorsque l'aîné a fini, il pose à terre son écuelle et dit gravement : « J'ai mangé ma soupe. » Un doux écho répond : « Poupoupe. » L'écho, c'est Georgette qui rit.

En ce moment, le clairon sonne. Des voix s'appellent et se répondent.

Brigands! Sommation! Capitulez-vous?

— Non. Attaquez!

— C'est bien. Ce soir, un coup de canon annoncera l'attaque.

Et une note de clairon met le point final à ce dialogue sinistre. Georgette écoute avec admiration et semble contempler tout ce bruit; elle attend le silence et dit avec une joie rêveuse : « Misique. » Qui sait si le premier boulet ne sera pas pour elle ?

Le chapitre que nous étudions est intitulé : *Le Massacre de saint Barthélemy.* Qui l'eût cru? Ce titre est merveilleusement original. Voici l'événement qui le justifie. La salle où sont les enfants est une bibliothèque. Il s'y dresse un pupitre colossal sur lequel est ouvert, se prélassant, un magnifique volume in-quarto, œuvre, dite apocryphe, de saint Barthélemy. Le prodigieux bouquin, mélange de gravures chatoyantes et de texte rare, s'ouvre précisément à la page où brille le saint. Les figures des commentateurs viennent après celles de l'auteur. René-Jean monte sur une massive chaise de chêne et pose ses deux poings sur le livre avec l'autorité d'un lionceau. Puis, une à une, il déchire les pages, solennellement

absorbé dans ce travail délicat, et les jette
à Gros-Alain et à Georgette qui consomment le dépècement du pauvre saint. Par
une violence suprême, René-Jean précipite
le bouquin du haut de son sommet et les
trois enfants, se ruant sur le volume, le
frappent, le lacèrent, l'anéantissent, en jettent les morceaux par la fenêtre et l'émiettent dans l'air en papillons blancs. « Le
massacre, dit Victor Hugo, se termina par
un évanouissement dans l'azur. » Cela fait,
les trois bourreaux s'endorment comme des
justes. A peine ont-ils fermé les yeux qu'un
coup de canon retentit au dehors. Georgette
se réveille, rit, dit : « Boum » et se rendort.

Nous ne croyons pas qu'il y ait, quelque
part, des pages qu'on puisse mettre au-dessus du *Massacre de saint Barthélemy*.
Au milieu de cette grande et violente épo-

pée, et comme encadrée par elle, un délicieux petit drame d'enfants vient s'épanouir. Ces êtres, à peine ébauchés par la vie, ont leurs dialogues, leurs pensées, leurs joies et leurs larmes. Et quels événements ! C'est un cloporte errant qu'on vient contempler ; une abeille qui entre brusquement, passe en revue les vitrines de la bibliothèque, lit les titres des livres « comme si elle était un esprit », et mêle la mélodie de son vol au gazouillement des enfants. Enfin, c'est une branche de mûrier qui tend ses fruits par la fenêtre. Les mûres sont aussitôt cueillies, et les enfants, déjà roses, barbouillés de rouge. Ce qu'il y a, surtout, d'exquis dans cette scène, c'est la différence d'allures marquée entre les trois petits personnages. Quelle poésie, quelle vérité, quelle réalité, j'allais dire quel réalisme ! René-Jean, l'aîné, est un homme de quatre ans et demi, grave, sérieux et pratique. Il s'éveille et mange sa soupe. Gros-Alain, le cadet, est un adolescent qui se fait le servile imitateur de son frère plus mûr que lui. Georgette, elle, oublie le manger, contemple une fleur, suit un papillon, cause avec les rayons du soleil. Elle est encore naïve. Patience! Dans quelques mois elle sera une petite femme ayant ses coquetteries. On la surprendra même à marivauder. Mais à présent, elle est rêveuse, c'est une jeune fille, elle a vingt mois!

La nuit est venue. L'armée républicaine a forcé la Tourgue qui est en flammes. Une monstrueuse porte de fer, fermée à clef, barre toute issue vers les enfants. Le marquis de Lantenac n'est plus là. Au dernier moment, une poterne secrète, subitement découverte et donnant sur un ravin, a rouvert la vie et le salut au vieillard. Il n'y a plus de péril que pour trois berceaux perdus dans l'incendie. Les soldats vont et viennent, désespérés. L'eau manque, et la seule échelle assez haute pour atteindre aux enfants est près d'eux, dans la chambre menacée. Haches et leviers se sont brisés contre la porte de fer. Tout sauvetage est impossible. Les pauvres petits s'éveillent, tendent les bras, et, sentant dans l'air les baisers de l'incendie, disent : « J'ai chaud ! »

Au même instant, au pied de la Tourgue, un homme s'arrête dans un ravin. Cet homme est Lantenac. Il fuyait, mais il vient d'entendre un cri horrible, un cri de mère, et il voit, à la lueur des flammes, se dessiner une tragique silhouette de femme. Cette femme est la Fléchard. Est-elle même encore une femme ? Tout avait déjà sombré autour d'elle, lorsqu'un jour on l'adosse à un mur d'exécution. Un faisceau d'éclairs l'enveloppe; elle tombe et se réveille au milieu des cadavres. Ses enfants n'étaient plus là. — Elle-même, elle doit être morte. Les passants la fuient comme une ombre. Elle va, murmurant « la Tourgue », elle arrive, et l'incendie lui montre tout à coup l'intérieur de la chambre où vont s'engloutir ses enfants. La mère est en proie à l'effarement. Les mots qu'elle jette à la nuit tiennent à la fois de la prière et du hurlement. Elle conjure Dieu par des blasphèmes, et il semble qu'un vent de tempête souffle dans ses cheveux et dans ses haillons. Des critiques ont trouvé bon, paraît-il, de reprocher à Victor Hugo la violence de cette figure. Mais si elle est belle, c'est précisément parce qu'elle est violente et pour ainsi dire bestiale. La Fléchard, c'est la maternité réduite à elle-même, la maternité pure, abstraite; plus la femme est vulgaire, effacée, plus la mère y paraît sublime. Bien plus! la Fléchard n'est même plus une femme. Tout vestige d'humanité a disparu d'elle. La mère seule survit, comme si c'était là une flamme divine inaccessible à l'évanouissement des facultés humaines. Dans le massacre où elle est tombée sous les balles, la femme est restée au milieu des cadavres, mais la mère s'est relevée pour chercher ses enfants!

C'est elle que Lantenac a vue surgir au-dessus de lui dans l'incendie.

Voici alors ce qui se passe. Lisons :

« Le marquis tâta sa poche et y toucha la clef de la porte de fer. Alors, se courbant sous la voûte par laquelle il s'était évadé, il rentra dans le passage d'où il venait de sortir...

« Toute une armée éperdue autour d'un sauvetage impossible; quatre mille hommes ne pouvant secourir trois enfants : telle était la situation...

« Encore quelques minutes peut-être, et tout allait s'effondrer.

« Que faire? Il n'y avait plus d'espérance.

« Gauvain exaspéré s'écria, l'œil fixé sur la pierre tournante du mur et sur l'issue ouverte de l'évasion :

« — C'est pourtant par là que le marquis de Lantenac s'en est allé.

« — Et qu'il revient, dit une voix.

« Et une tête blanche se dessina dans l'encadrement de pierre de l'issue secrète.

« C'était le marquis.

« Il avait une grosse clef à la main. Il refoula d'un regard altier quelques-uns des sapeurs qui étaient devant lui, marcha droit à la porte de fer, se courba sous la voûte et mit la clef dans la serrure. La serrure grinça, la porte s'ouvrit, on vit un gouffre de flammes, le marquis y entra.

« Il y entra d'un pied ferme, la tête haute.

. . . .

« Les trois enfants étaient au bord de la fenêtre ; par bonheur l'embrasement n'était pas de ce côté-là.

« — J'ai trop chaud, dit René-Jean.

« Il ajouta :

« — Ça brûle.

« Et il chercha des yeux sa mère.

« — Viens donc, maman.

« — Don, m'man, répéta Georgette.

« La mère, échevelée, déchirée, saiet la Convention, la Vendée et la France, la loi ancienne et le droit nouveau; la loi ancienne, c'est-à-dire le bon plaisir d'un seul, la science soumise au dogme, la religion d'État, les priviléges et, sur tout cela, la protection exécrable de l'étranger; le droit nouveau, c'est-à-dire la liberté de conscience, l'inviolabilité de l'idée, la science rivale du dogme, l'égalité civile, et en même temps la patrie, une, forte, compacte. Mais les choses sont ainsi partagées. Le droit ancien s'appuie sur l'Allemagne, l'Angleterre, tout l'étranger; au dedans, il a la révolte pour alliée : toute la force est de son côté. Le droit nouveau s'appuie sur quelques départements : toute la faiblesse est de son côté. La Convention oppose un bataillon à des armées, un coin de terre à l'Europe. Dans cette lutte terrible, elle se montrera terrible! L'ordre civil dans lequel nous vivons, nos libertés, notre indépendance, nos lois, nos codes, notre patrimoine national, ont été, il n'y a pas un siècle, attaqués par le monde et sauvés par une poignée d'hommes! Lisez l'histoire, sondez-la, et demandez-vous ce qu'il serait advenu si la Convention eût été vaincue, si Brunswick eût triomphé, si Bouillé fût entré dans Paris, et si, au lieu de la mort du roi décrétée par la Convention, on avait eu le supplice des conventionnels décrété par le roi! Quatrevingt-treize, c'est le salut public, sombre, sanglant, fatal, inexorable! Histoire où tout est grand d'une grandeur funèbre, dont il ne faut rien imiter, mais dont il ne faut rien répudier! Temps qui est le berceau fabuleux du XIXe siècle, comme la Gaule druidique est gnante, s'était laissée rouler de broussaille en broussaille dans le ravin...

« Tout à coup, à la fenêtre voisine de celle où étaient les enfants, sur le fond pourpre du flamboiement, une haute figure apparut.

« Toutes les têtes se levèrent, tous les yeux devinrent fixes. Un homme était là-haut. Un homme était dans la fournaise. Cette haute figure se découpait en noir sur la flamme, mais elle avait des cheveux blancs. On reconnut le marquis de Lantenac.

« Il disparut, puis il reparut.

« L'effrayant vieillard se dressa à la fenêtre, maniant une énorme échelle. Radoub, en bas, éperdu, tendit les mains, reçut l'échelle, la serra dans ses bras et cria : — Vive la République !

« Le marquis répondit : — Vive le roi!

« Et Radoub grommela : — Tu peux bien crier tout ce que tu voudras, et dire des bêtises si tu veux, tu es le bon Dieu.

« Le marquis disparut encore, puis reparut, apportant un enfant.

« Il y eut un immense battement de mains.

« C'était le premier que le marquis avait saisi au hasard. C'était Gros-Alain.

« Gros-Alain criait : — J'ai peur.

« Le marquis donna Gros-Alain à Radoub qui le passa derrière lui et au-dessous de lui à un soldat, qui le passa à autre, et pendant que Gros-Alain, très-effrayé, et criant, arrivait ainsi de bras en bras jusqu'au bas de l'échelle, le marquis, un moment absent, revint à la fenêtre avec René-Jean qui résistait et pleurait, et qui battit

Radoub au moment où le marquis le passa au sergent.

« Le marquis rentra dans la salle pleine de flammes. Georgette était restée seule. Il alla à elle, elle sourit. Cet homme de granit sentit quelque chose d'humide lui venir aux yeux. Il demanda : — Comment t'appelles-tu ?

« — Orgette, dit-elle.

« Il la prit dans ses bras, elle souriait toujours, et au moment où il la remettait à Radoub, cette conscience si haute et si obscure eut l'éblouissement de l'innocence, le vieillard donna à l'enfant un baiser.

« Un grand cri s'éleva :

« — Tous sont sauvés ! »

Quel attendrissement sublime ! Que de génie il y a dans ce baiser ! Il semble que, dans cette nuit tragique, l'incendie forme comme une gloire autour de ce groupe étonnant : Lantenac penché sur les lèvres de Georgette. Ne soyez pas surpris lorsque vous lirez *Quatrevingt-treize* si, en arrivant aux derniers mots de ces lignes touchantes, vous vous apercevez qu'une larme a mouillé la page. On raconte qu'un jour le Titien laissa tomber son pinceau devant Charles-Quint et que l'empereur le ramassa pour le rendre au maître. Si quelque jour le peintre de *Quatrevingt-treize* laissait tomber le sien, il n'y aurait pas, auprès de lui, de souverain pour le lui rendre, mais peut-être un enfant, dans la petite main duquel le moindre hochet éblouirait autant le poëte que le globe éblouit le Titien dans la droite du César romain.

Au moment où Lantenac met le pied par terre, une main s'abat sur son épaule et une voix lui dit : « Je t'arrête. » — C'était Cimourdain, le représentant du comité de Salut public.

Quelques heures après, un officier entre dans le cachot du marquis, lui jette son manteau sur les épaules, le délivre, et, pour le sauver, se met à la place du vieillard, s'offrant ainsi de lui-même à la mort édictée contre quiconque fait évader un rebelle. — C'était Gauvain, commandant de l'armée républicaine, neveu du marquis de Lantenac.

Ainsi, il se rencontre deux hommes dont l'un n'est pas attendri par le baiser que le vieillard donne à l'enfant, et dont l'autre en est si profondément remué dans sa conscience qu'il donne sa vie pour sauver celle d'un ennemi.

Qu'est-ce donc que Cimourdain, qu'est-ce

donc que Gauvain, ces deux figures qui dominent l'épopée et incarnent leur époque?

Mais, d'abord, qu'est-ce que 93 ?

Il est impossible d'ouvrir sans frémissement l'histoire de ces temps-là. «Temps des luttes épiques, » dit Victor Hugo ; on peut dire aussi : temps d'enfantement social et de salut sanglant. Quatrevingt-treize est à la fois l'époque de l'idée, de la hache et de l'épée. Alors, on savait penser et on savait mourir. La science, la politique et la philosophie ne recèlent pas un problème qui ne soit alors agité ou résolu. La même heure sonne à la fois la délivrance, les conquêtes de l'esprit, et, il faut le dire, hélas! le glas de quelque victime. La république tresse, en un an, plus de couronnes de chêne que la vieille Rome, mais renouvelle aussi Marius et Sylla. Tout est bouleversé et, en même temps, tout est prodigieux. On arrête un homme qui s'enfuit dans une berline ; des sergents le ramènent à Paris ; on dit que c'est un condamné en rupture de ban. Cet homme est le roi ! Un autre homme tient tête à l'Europe, secoue les trônes, soulève les peuples, fait le soleil et le tonnerre du Danube à la Seine : c'est un petit avocat de trente ans, nommé Danton. La tragédie côtoie la féerie. Le génie est partout, les idées ruissellent, les tribuns semblent jongler avec des mondes ; on dirait, tant il y a de lumière dans leur parole, que chacun de leurs gestes envoie au ciel des poignées d'étoiles. La vaillance aussi est partout : à la Convention, à la Commune, en Vendée, en France, au pouvoir, dans les prisons, dans tous les camps ! Il n'y a pas un homme qui n'ait la vision de la mort sanglante où il doit un jour disparaître et qui ne l'accepte héroïquement, soit pour le roi, soit pour la république. Être au pouvoir, c'était s'acheminer à l'échafaud, la tête tombait avec le portefeuille ; Robespierre le savait et prit la dictature. Mettre son nom au bas d'une revendication de la clémence, c'était s'inscrire soi-même sur les tables de proscription ; Camille Desmoulins le savait et signa le *Vieux Cordelier*. Une heure avant de mourir, Condorcet résout un problème et Chénier est amoureux. Deux sortes de murs sont alors toujours combles, la prison et le Panthéon.

Les hommes de quatrevingt-treize étaient en proie à la fatalité. Ils représentaient l'humanité et ils versaient le sang. L'histoire explique cette monstrueuse anomalie. Deux choses alors sont en présence : le roi dans Gauvain, les seconds sont incarnés dans Cimourdain. Et Cimourdain arrête Lantenac, et Gauvain le sauve. Et le poëte, après les avoir montrés l'un et l'autre, après avoir maudit la guillotine et le donjon féodal, après avoir pris conseil de sa conscience et de cette immense bonté qu'il sent éparse dans la nature, crie à l'histoire, au peuple d'aujourd'hui et au peuple de demain : Gauvain, toujours! et Cimourdain, jamais!

Le dernier chapitre de *Quatrevingt-treize* est une des plus grandioses conceptions de Victor Hugo. Il est intitulé : « Cependant le soleil se lève. » On voit une machine hideuse dressée en face de la Tourgue. Cette machine, c'est la guillotine amenée là pour Lantenac et sur laquelle va mourir Gauvain. Et voyez combien le poëte a su tirer du fond même des caractères un drame poignant et bien approprié à cette époque marquée entre toutes par la fatalité. Cimourdain, autrefois prêtre, s'est jeté dans la Révolution. Il est allé tout de suite aux extrêmes. Cet homme est convaincu de la nécessité de lois terribles. C'est, chez lui, une foi profonde, violente. Il est comme courbé sous une mission sanglante. Dans cette âme faite de toutes les énergies farouches de la Révolution, il n'y a pas un atome d'égoïsme. La France, contenue dans vingt départements, est attaquée par le monde. Il faut sauver la France, car elle porte en elle le droit nouveau, et pour la sauver il faut être terrible. Cimourdain vit en proie à cette haute et sombre pensée. C'est un apôtre armé de la hache. Tout dans sa vie, d'ailleurs, le préparait à ce rôle tragique. Comme Claude Frollo, il a beaucoup pensé, beaucoup souffert sous sa robe de prêtre. Que de tempêtes, que de bouillonnements sous ce front morose! Chaste, il l'est toujours resté. On sent, à la dureté anguleuse de cet homme, que jamais une femme n'a passé dans sa vie. Eh bien, ce révolutionnaire, ce Brutus chrétien, ce Cimourdain a pourtant une affection terrestre. Il a élevé Gauvain et gardé pour lui un amour de père. L'esprit sombre du prêtre a enfanté un esprit de lumière. Or Gauvain a fait évader un rebelle, et l'homme auquel la loi ordonne de condamner Gauvain, c'est justement Cimourdain. Quelle lutte profonde et déchirante dans l'âme de l'envoyé du comité de Salut public! Le salut de la France lui dit: « Sois terrible. » Sa tendresse lui dit: « Sois bon! » Eh bien, Cimourdain reste inflexible, il étouffe sa tendresse, son premier mouvement de clémence ; il condamne Gauvain, son enfant, l'âme qu'il a formée de sa pensée !

La scène de l'exécution, la dernière du livre, est admirable ; en voici quelques lignes :

« La nature est impitoyable ; elle ne consent pas à retirer ses fleurs, ses musiques, ses parfums et ses rayons devant l'abomination humaine. Ce matin-là, jamais le ciel frais du jour n'avait été plus charmant. Un vent tiède remuait les bruyères, les vapeurs rampaient mollement dans les branchages, la forêt de Fougères, toute pénétrée de l'haleine qui sort des sources, fumait dans l'aube comme une vaste cassolette pleine d'encens... Tout avait cette pureté qui est l'éternel conseil de la nature à l'homme. Au milieu de tout cela s'étalait l'affreuse impudeur humaine; au milieu de tout cela apparaissaient la forteresse et l'échafaud, la guerre et le supplice, les deux figures de l'âge sanguinaire et de la minute sanglante. Et le ciel splendide inondait d'aurore la Tourgue et la guillotine et semblait dire aux hommes : « Regardez ce que je fais et ce que vous faites. »

« Ce spectacle avait des spectateurs.

« Les quatre mille hommes de la petite armée expéditionnaire étaient rangés en ordre de combat sur le plateau.

. . . .

« Gauvain arriva au pied de l'échafaud. Il y monta.

« Il ressemblait à une vision. Jamais il n'avait apparu plus beau. Sa chevelure brune flottait au vent. Son cou blanc faisait songer à une femme et son œil héroïque et souverain faisait songer à un archange. Il était sur l'échafaud, rêveur. Ce lieu-là aussi est un sommet. Le soleil, l'enveloppant, le mettait comme dans une gloire.

« Il fallait pourtant lier le patient. Le bourreau vint une corde à la main.

« En ce moment-là, quand ils virent leur jeune capitaine si décidément engagé sous le couteau, les soldats n'y tinrent plus; le cœur de ces gens de guerre éclata. On entendit cette chose énorme : le sanglot d'une armée. Une clameur s'éleva : Grâce! grâce! Quelques-uns tombèrent à genoux; d'autres jetaient leurs fusils et levaient les bras vers la plate-forme où était Cimourdain. Un grenadier cria, en montrant la guillotine :
— Reçoit-on des remplaçants pour ça? Me voici! — Tous répétaient frénétiquement : Grâce! grâce! Et des lions qui

eussent entendu cela eussent été émus ou effrayés, car les larmes des soldats sont terribles.

« Le bourreau s'arrêta, ne sachant plus que faire.

« Alors une voix brève et basse et que tous pourtant entendirent, tant elle était sinistre, cria du haut de la tour :

« — Force à la loi !

« Cimourdain avait parlé. L'armée frissonna.

« Le bourreau n'hésita plus. Il s'approcha, tenant sa corde.

« — Attendez, dit Gauvain.

« Il se tourna vers Cimourdain, lui fit de la main droite, encore libre, un geste d'adieu, puis se laissa lier.

« Quand il fut lié, il dit au bourreau :

« — Pardon, un moment encore.

Et il cria :

« — Vive la République !

« On le coucha sur la bascule. Cette tête charmante et fière s'emboîta dans l'infâme collier. Le bourreau lui releva doucement les cheveux, puis pressa le ressort ; le triangle se détacha et glissa lentement d'abord, puis rapidement, on entendit un coup hideux...

« Au même instant on en entendit un autre. Au coup de hache répondit un coup de pistolet. Au moment où la tête de Gauvain tombait dans le panier, Cimourdain se traversait le cœur d'une balle. Un flot de sang lui sortit de la bouche. Il tomba mort.

« Et ces deux âmes, sœurs tragiques, s'envolèrent ensemble, l'ombre de l'une mêlée à la lumière de l'autre. »

Telle est la dernière œuvre de Victor

celui de la France! Nuit qui rappelle ces bois sacrés où l'on sentait la présence d'une divinité fauve et d'où s'exhalait une horreur auguste! Les dieux qui hantent cette époque sombre y travaillent à une œuvre surhumaine, élaborent une loi nouvelle, préparent la liberté, fondent en une patrie un territoire émietté en villages, changent des morceaux d'argile en un bloc de marbre et, mystère effroyable, forgent, les pieds dans le sang, un avenir de paix et de fraternité! Quatrevingt-treize est comme le Pan antique; il y a tout en lui, depuis les gouffres qui sont la folie de Marat, jusqu'aux fleurs qui sont les vers de Chénier et les lettres de Camille à Lucile.

En écrivant l'épopée de 93, Victor Hugo devait incarner dans deux figures les deux éléments, les deux tendances de cette époque ; ce que les uns voient alors, c'est surtout l'avenir ; ils y vont d'un bond et veulent la mise en pratique immédiate des principes de la Révolution. D'autres, au contraire, considèrent d'abord le présent, l'étranger aux portes, l'émigration derrière l'étranger, l'Europe puissante, la France faible, la nécessité de la victoire matérielle avant la possibilité du triomphe moral, et, suspendant toute liberté, l'application de tout principe humain, sacrifient tout au salut public. Les premiers disent : amour, clémence, pensée, liberté, et regardent le ciel ; les seconds disent : terreur, suspicion, mort, indépendance, et regardent les frontières. Les premiers sont grands d'une grandeur lumineuse, les autres grands d'une grandeur sombre. Les premiers sont surtout la République et les seconds surtout la Révolution. Les premiers sont incarnés

Hugo. Non la dernière, pourtant, il faut l'espérer; dès à présent il se prépare à publier la seconde partie de la *Légende des siècles*. Ce qu'il a écrit dans *Quatrevingt-treize*, c'est l'épopée et non l'histoire. Il n'a pas fait de la critique, il a exprimé par la fiction la vérité de l'ensemble. Il est le grand poëte ; d'autres, Thiers, Michelet, Louis Blanc, ont été les grands historiens. Ce qu'il faut dire, surtout, après avoir montré l'immense poésie de ce livre, c'est la douceur, la clémence, l'apaisement qu'il conseille. Il faut penser, lutter, parler, écrire, mais il faut aimer, et au-dessus des passions, des partis, des idées, mettre ces deux choses, arborer ces deux mots : pitié ! humanité ! oh ! non, point de représailles, point de morts, point de supplices ! Au passé plein de tortures, répliquons par l'avenir plein de clémence ! soyons libres mais soyons bons, et qu'on dise pour toujours adieu au sang ! Le livre de *Quatrevingt-treize* nous montre l'idéal, et ce n'est pas sa moindre grandeur ! Il est aussi largement impartial. Le poëte de la Révolution y salue la Vendée et désigne l'avenir dans la République ! L'avenir qu'il incarne dans Gauvain et dans ces trois enfants si beaux, si souriants au milieu du feu et du meurtre ! L'avenir qui, en 93, ne fait encore que bégayer, qui ne se souviendra pas des sombres exemples de ses pères, et sortira bon de leurs bras sanglants, comme Georgette est sortie souriante de l'incendie !

UNE APRÈS-MIDI

CHEZ

THÉOPHILE GAUTIER

Il y a, tout au bout de l'avenue de Neuilly, à une faible distance de la Seine, une petite rue étroite, incorrecte et toute meublée de ces hôtels nains qui peuplent l'horizon de Paris : c'est la rue de Longchamps. Un jour, un étudiant s'y arrêtait et sonnait au n° 33. La porte était entr'ouverte. Une servante, jeune, mais plutôt ingénue que soubrette, parut et fit, comme étonnée d'entendre sonner : « Entrez, monsieur. »

Il y avait, dans l'entre-bâillement de cette porte et dans l'air surpris avec lequel on prononça ces mots, quelque chose de naïvement hospitalier qui semblait dire : « Pourquoi frappez-vous ? Tout le monde est ici chez soi. »

— Monsieur Théophile Gautier, demande l'étudiant.

— Il est malade et ne voit personne.

L'étudiant fit, en sourdine, cette exclamation qui marque un désappointement résigné :

— Ah !...

Il y eut un silence que rompit la servante :

— Si monsieur voulait voir quelqu'un...

Le visiteur hésita, puis, après un geste d'indécision, répondit tranquillement : « Je reviendrai, » et sortit.

Son désappointement devait être profond. La rue de Longchamps est loin du quartier latin. Mais la question des distances touche peu les âmes littéraires, et Byron a traversé le Bosphore à la nage. Seulement, Théophile Gautier était malade. Gravement, qui sait ? Des bruits inquiétants avaient couru sur sa santé. Or l'étudiant était porteur d'une mission pour le succès de laquelle il eût désiré l'auteur d'*Albertus* et du *Capitaine Fracasse* aussi dispos que Silène au sortir d'une saison d'eau.

De quoi s'agissait-il ? — Le voici :

Le romantisme a rendu la vie à la langue anémique des Baour et des Ducis; il est aujourd'hui le sang littéraire de la France. Mais si le romantisme vit, les romantiques n'existent plus. Les fureurs sacrées qui éclataient jusque dans la forme et la couleur des costumes, se sont éteintes. On n'a pas renouvelé Gérard de Nerval. Les mœurs sont corrompues, elles ne sont plus flamboyantes. Autrefois, les hommes de lettres dînaient aux barrières, coiffés de chapeaux qui auraient pu servir d'étendards; à présent, ils dînent chez Brébant, en habit noir. Jamais, en 1830, on n'eût confondu un huissier avec un poëte; on se demanderait presque, à présent, quel est celui des deux qui vient saisir l'autre.

Rencontrerait-on encore, çà et là, des rejetons de ces âges fabuleux, vivant à l'état d'accidents au milieu d'une société prosaïque? Peut-être; il existait, à la fin de 1871, quelques-unes de ces épaves romantiques. Des rapins et des étudiants avaient conçu le projet d'un festin étrange dont la présidence devait être offerte à

Théophile Gautier. Ils avaient dressé un menu moyen âge, et s'étaient munis de recettes cueillies dans Rabelais et autres vieux conteurs. Mais le menu, chef-d'œuvre d'archéologie culinaire, n'était rien à côté des costumes que devaient prendre les convives. Ils avaient d'abord songé à se couvrir de casques, de cuissards, de cuirasses et de cottes de mailles pour expédier ce repas antique, simulant ainsi un poëme fantastique du Maître, intitulé : *Le Souper des armures*. Mais, vu la difficulté d'avaler quoi que ce soit dans de pareilles enveloppes, tous avaient décidé d'offrir au poëte d'autres personnages de ses œuvres, et s'étaient arrêtés à ceux du *Capitaine Fracasse*. Chacun allait donc se transformer, pour quelques heures, en héros de roman. Il y avait bien ainsi quelque anachronisme à reprocher à la fête, les plats étant du xiiie siècle, et les convives du xviie, mais l'ensemble avait un panache suffisant. On se promettait de manger crânement, sous l'habit Louis XIII, la galimafrée et le tourifas, et de boire l'hydromel dans des hanaps.

Théophile Gautier était malade. Peut-être même avait-il vieilli. Cette pensée navrait l'étudiant qui remontait, lentement, l'avenue de Neuilly, retournant conter la déception à ses amis. Il faisait beau, le ciel était de ce bleu d'hiver qui semble déteint ; de légers frimas poudraient les arbres. L'étudiant récitait machinalement ces vers d'*Émaux et Camées :*

>Les femmes passent sous les arbres
>En martre, hermine et menu-vair,
>Et les déesses, frileux marbres,
>Ont pris aussi l'habit d'hiver.

La Vénus Anadyomène
Est en pelisse à capuchon ;
Flore, que la brise malmène,
Plonge ses mains dans son manchon.

Et pour la saison, les bergères
De Coysevox et de Coustou,
Trouvant leurs écharpes légères,
Ont des boas autour du cou.

Souvent, les grands hommes ne vivent pas de plain-pied avec les passants. Pour monter jusqu'à eux, il faut, comme eux, avoir des ailes ou se hisser sur des recommandations. Les étudiants soupçonnèrent Théophile Gautier d'avoir ses escarpements. La maladie fut jugée un prétexte. On alla jusqu'à penser qu'il devait, pour vous admettre, exiger des lettres d'introduction. Rien n'était plus loin de la vérité. Quelqu'un, alors, se rappelle qu'il garde, au fond d'un portefeuille, quelques lignes adressées à un grand personnage, mais si vagues, si banales, si dépourvues de toute indication d'époque et de personne, qu'elles eussent pu, au besoin, vous ouvrir l'accès auprès du grand Turc. Elles émanaient d'un maestro célèbre, réputé, il est vrai, pour avoir le mauvais œil; mais, bien que Théophile Gautier eût écrit une nouvelle sur les jettatores, personne ne soupçonnait qu'il y crût. On convient qu'avant huit jours l'ambassadeur reprendra la route de Neuilly, muni, cette fois, de ses papiers diplomatiques.

Tout le monde, à Neuilly, connaît une maison blanche dont le seuil est de niveau avec la rue. Elle a un jardin par devers elle, en cela semblable à son hôte qui, muré du côté du monde, dans l'apparence d'une insensibilité hautaine, lui dérobait une âme de bonté. La maison cache ses fleurs, le poëte cachait son sourire. La porte était petite, mais ouverte, et derrière il y avait une main toujours tendue, la main de Théophile Gautier !

La même jolie servante reçoit le visiteur avec le même sourire timide et le conduit au premier. Avant d'arriver à la chambre du poëte, l'étudiant avait franchi un vestibule modeste, et entrevu, à gauche, dans un négligé de déménagement, un salon sombre plein de tableaux couchés les uns sur les autres. Une porte s'ouvre et il se trouve en face d'un bel homme grisonnant, un peu obèse et largement assis dans un fauteuil, une couverture sur les genoux et un bonnet turc sur la tête.

C'était l'auteur de *Mademoiselle de*

Maupin. Il sourit, les yeux à demi fermés, tendit la main au jeune homme et lui fit signe de s'asseoir.

Par une sorte de pudeur ou de crainte, le visiteur s'était décidé à n'exhiber la lettre du maestro jettatore, que dans le cas où il se heurterait à quelque obstacle d'antichambre. D'ailleurs, il était, à présent, perdu tout entier dans une sorte de contemplation. Un simple étudiant, admis à serrer la main d'un grand homme, demeure d'abord heureux et ébahi. L'impression serait la même s'il pouvait toucher une masse lumineuse et se dire qu'elle est le soleil.

Théophile Gautier portait toute sa barbe, ni courte, ni longue; sa chevelure non plus n'avait alors rien d'extrême. Son visage, profondément ridé et bruni, accusait des traits épais, empreints d'une beauté sensuelle. Il avait l'œil noyé et le regard assoupi. De temps à autre, une petite larme coulait d'une de ses paupières et formait une cascade minuscule dans cette figure rugueuse comme un rocher. Il portait un veston de velours brun, un large pantalon de chambre, un fez et des babouches. L'appartement était simple : des tentures de velours brun, une table, une bibliothèque et çà et là quelques objets d'art en composaient le meuble et l'ornement. Sur la cheminée, adossée à une glace sans tain, un chat dormait, brun comme les rideaux et le costume de son maître.

Gautier dit quelques mots à l'étudiant d'une voix harmonieuse et fatiguée, et comme à travers le sommeil :

« Vous êtes déjà venu une fois. J'étais souffrant. Le froid me fait très-mal. Je suis désolé que vous vous soyez dérangé inutilement. »

Il désigna un volume qu'il avait à la main :

« Je lisais la pièce qu'on joue à la Comédie-Française. Voulez-vous me permettre d'achever la lecture de cette scène ? Excusez-moi ; dans une seconde je suis à vous. — Vous voyez que je ne me gêne pas. Faites-en autant. »

Il dit cela avec un rire, en remuant bonnement la tête, puis il se replongea dans sa lecture, les yeux à bout portant du livre, comme un homme qui a la vue très-basse.

Le visiteur, ainsi mis à son aise, prit sur une table la grande édition du *Capitaine Fracasse,* illustrée par Gustave Doré, afin de se donner contenance.

La rencontre de ce livre était une coïncidence. On s'en souvient, les personnages du *Capitaine Fracasse* avaient part au festin que quelques jeunes gens rêvaient d'offrir à Théophile Gautier. Pendant qu'il s'absorbe dans sa lecture, jetons un coup d'œil sur ce roman fameux.

Tout au fond du Languedoc, dans un castel délabré, vit un gentilhomme aussi ruiné que son domaine. De la mousse partout et de l'argent nulle part. Le baron de Sigognac, c'est ainsi que se nomme ce grand seigneur dépenaillé, est jeune, rêveur, peut-être beau. Faute d'écus, il achève d'user les chausses de ses pères, trop larges pour lui, ce qui eût fait dire à Bossuet qu'il s'enveloppait des souvenirs sacrés de la famille. Un vieux domestique, le fidèle Pierre, un cheval, un chien nommé Miraut et un chat nommé Beelzébuth composent la société habituelle de Sigognac. La vie du baron se consume à regarder la moisissure ronger les écussons de sa maison, à écouter le vent déchiqueter les portes vermoulues, et à bâiller de famine et d'ennui. Il est le châtelain du château de la misère.

Une nuit, des comédiens de province viennent lui demander l'hospitalité. Le jeune baron leur abandonne sa ruine, mais leur avoue la disette de ses celliers. C'est quelque chose que de savoir ouvrir noblement une main vide. On peut recevoir grandement et pauvrement.

La troupe comique vaut la peine d'être pourtraicturée, comme on eût dit au temps de Louis XIII où nous sommes, d'ailleurs, avec le *Capitaine Fracasse*. Elle a pour directeur le seigneur Hérode, tyran de

comédie, puissant, obèse, musculeux, avec
une barbe terrible, une voix tonnante et
une âme débonnaire. Sous lui, brille le
capitaine Matamoros, être effilé comme la
flèche d'une cathédrale gothique, maigre
jusqu'à la transparence, roulant des yeux
féroces, et poignardant le ciel de sa moustache. Viennent ensuite Léandre, Scapin,
le pédant. Léandre est le galant, l'amoureux, l'irrésistible, l'acteur musqué, poudré, calamistré, plein de pommade et de
patchouli, souriant à l'espace, beau, langoureux, adorable, bête. Le valet, c'est
Scapin, expert aux ruses, au croc-en-jambe et aux tours de chausson. Blazius
représente le pédant. Ancien professeur,
chassé de son collége à cause d'une incurable ivrognerie, il s'est fait comédien et
tient les rôles d'âne bâté; c'était critiquer

spirituellement sa première vie par la seconde. Enfin, parmi les femmes, trois sont jeunes, une est vieille. Isabelle, jolie, blonde et modeste, joue les ingénues, dona Séraphina les grandes coquettes, et Zerbine les soubrettes. N'oublions pas la duègne, dame Léonarde, le plus répugnant masque de vieille qui se soit jamais flairé; jaune, avec des rides, une nuque chauve et un sourire !

Pendant la halte faite au château, Isabelle inspire de l'amour au baron et, le lendemain, la troupe repart grossie d'un personnage nouveau qui n'est autre que le noble et misérable Sigognac. Rien de touchant comme les adieux du baron à tous ses pauvres amis. Le vieux Pierre se transfigure sous ses cheveux blancs et dans les larmes qui coulent timidement sur sa rude joue de paysan. Ce n'est plus un domestique, c'est un père moins la majesté. Miraut et Beelzébuth pleurent aussi à leur manière. Il n'y a pas jusqu'au cheval, morne et sensible haridelle, qui ne hennisse d'attendrissement lorsque son jeune maître disparaît, avec les comédiens, sur la route de Paris, dans le soleil et la poussière.

Le baron dérogeait-il?... Non. Personne en France, fût-ce le roi, n'a jamais trouvé qu'on s'abaissât en suivant une ingénue. Être femme, jeune et belle, équivalait à trois quartiers de noblesse. Marquises et duchesses n'en avaient qu'un de plus et, comme dit Shakespeare, le serment d'une femme vaut le serment d'un gentilhomme. Quel est, d'ailleurs, le seigneur de vingt-cinq ans, seul, affamé, mort d'ennui, n'ayant d'autres pourpoints que la trame de ceux de son père, et ne connaissant d'autres visages de femmes que les faces écaillées d'anciens portraits, qui n'eût pas bondi dans le chariot de Thespis en voyant une place vide à côté d'une comédienne ?

Isabelle est fille d'une tragédienne et d'un grand personnage disparu. Elle porte au doigt une bague d'améthyste que son père a donnée à sa mère aujourd'hui morte... Vous le devinez facilement, un prince vénérable, cette noble tête de vieillard qui se montre toujours à la fin des romans, surgira tout à coup... Mais n'allons pas plus vite que l'auteur.

Le baron de Sigognac, sans cesse plus amoureux, finit par embrasser le métier d'Isabelle. En même temps qu'il était entré dans la troupe, le capitaine Matamoros en était sorti par cette porte solennelle qu'on appelle la mort. Ce compagnon qui, osseux et déchiqueté de maigreur, ouvrait comme un gigantesque compas, des jambes semblables à des pattes d'araignée, s'était, sans le vouloir, éteint l'âme, à force de diètes destinées à augmenter encore sa maigreur phénoménale. C'est ce pauvre baladin, martyr de l'art dramatique, que le baron remplace sous le nom retentissant de *Capitaine Fracasse*. Pour le coup, vous direz qu'il dérogeait. — Peut-être. Là où l'on a le droit d'aimer, on a la permission de faire des folies.

La troupe d'Hérode est au complet. On est en hiver. Ils se dirigent vers Paris. Chemin faisant, ils donnent des représentations et roulent d'aventure en aventure, de cascades en cascades, fêtés ici, négligés là, repus ou mourant de faim, laissant échapper l'occasion qu'ils tenaient par les cheveux et la rattrapant par le pied, harassés, cahotés, heureux!

Un jour, Isabelle devient le point de mire d'un nouveau galant, le duc de Vallombreuse. Ce seigneur, fort audacieux, bien qu'il n'ait encore que le tracé des moustaches, arrête d'enlever au baron la comédienne. De là, complots, intrigues, *coups de bâtons, coups d'épée et autres aventures :* c'est le titre même d'un des chapitres les plus vivants du livre. Les valets se brisent les os, les maîtres se fendent et se pourfendent. Jamais on ne s'est mieux roué dans des culs-de-sac plus noirs de suie et plus étoilés de lucarnes; jamais on ne s'est plus correctement égorgé sur le terrain. Sigognac et ses amis se tirent victorieusement de tous les piéges. Le duc de Vallombreuse est, plus que jamais, hautain, vindicatif, âpre dans son amour et résolu au sang.

Les compagnons d'Hérode arrivent dans le Paris de Louis XIII. Vallombreuse aussi. Il les a suivis. Alors, commence une mêlée tragi-comique où se ruent bretteurs, comédiens, valets et gentilshommes.

Il y a, près du Marché-Neuf, une taverne effroyable; le cabaret du *Radis couronné*. Au nombre des habitués de ce lieu truculent se trouvent deux bretteurs, deux amis de cœur, Malartic et Jacquemin Lampourde. Ces hommes qui tiraient la laine aux passants les tuaient aussi pour de l'argent. Mais il faut le dire, ils avaient l'amour de leur art et, pour eux, un bon tireur était un être vénérable. Le soir, ils se grisaient de concert au *Radis couronné*.

Le duc de Vallombreuse, résolu à se débarrasser de Sigognac, recourt à Jacquemin Lampourde et le charge, pour de l'or, d'expédier le baron. Une nuit, le bretteur attend son homme sur le Pont-Neuf. Sigognac paraît, et, sentant une main lui tirer son manteau, devine l'attaque, met flamberge au vent et tombe en garde. Le duel s'engage, les lames se froissent, tournent, s'évitent et mêlent leurs éclairs. Le baron était, aux armes, digne de Matapan et de Girolamo. Jacquemin Lampourde, qui ne prisait au monde que l'escrime, content, se dit tout bas : « Bonne parade. Ce jeune homme a des principes. Nous allons nous amuser un peu. » La lutte continue au milieu des feintes, des passes et des retraites de corps les plus savantes. Tout à coup, Jacquemin Lampourde s'écrie, ne pouvant plus contenir son enthousiasme : « Savez-vous bien, monsieur, que vous avez une méthode superbe? — A votre service, » riposte Sigognac, et il allonge au bretteur une botte à fond.— « Magnifique estocade, coup merveilleux! exclame Lampourde. Logiquement, j'aurais dû être tué. Maintenant, je vais essayer sur vous une botte sublime. C'est mon seul héritage. Si vous la parez, je vous la lègue. » Et le bretteur s'aplatit subitement comme s'il tombait sur le nez, mais le baron a paré la botte et cassé net la lame de son adversaire.

Alors, Jacquemin Lampourde se relève et s'écrie :

« Baron ! permettez-moi d'être désormais votre admirateur, votre esclave, votre chien. On m'avait payé pour vous tuer. J'ai même reçu des avances que j'ai mangées. C'est égal. Je volerai pour rendre l'argent. »

Cette fois, Vallombreuse avait échoué; mais, toujours acharné à la poursuite de l'ingénue, il la fait, un jour, enlever et enfermer dans un château, ceint de fossés pleins d'eau. Tout semble perdu lorsqu'une petite fille, Chiquita, enfant à moitié sauvage et mêlée aux bandits qui ont exécuté le rapt, se glisse près de la prisonnière, et, en reconnaissance d'un collier que lui a donné la jeune fille, lui propose d'avertir Sigognac et les comédiens. En même temps, elle ouvre une fenêtre, regarde autour d'elle comme un oiseau effarouché, s'élance aux branches d'un arbre, par-dessus l'eau, et s'enfuit, chargée par Isabelle de lui rapporter le salut, comme la colombe, envolée de l'arche, rapportait à Noé un rameau d'olivier.

Quelques heures plus tard, le baron arrive

à la tête des comédiens. Ils forcent le château, mais les gens de Vallombreuse leur dérobent Isabelle. Enfin, la lutte se circonscrit entre les deux rivaux. Vallombreuse tombe, percé d'un coup d'épée... Au même instant, des fanfares retentissent, un bruit de chevaux, d'armes et de piqueurs se fait entendre ; le pont-levis du château s'abaisse. Vous vous y attendiez probablement. C'est le prince vénérable dont nous parlions plus haut, le père de Vallombreuse qui, informé des prouesses de son fils, vient y mettre bon ordre. Mais il va pouvoir aussi se rappeler celles de sa jeunesse. La bague d'améthyste que porte Isabelle, c'est lui qui, jadis, en a fait don à la mère de la comédienne. Il reconnaît sa fille, pousse un cri, ouvre les bras et moralise quelques instants, comme il convient à un vieillard qui retrouve, après vingt ans, un enfant naturel.

Quelque temps après, Sigognac demande au prince la main d'Isabelle. Vallombreuse guérit et, tout frémissant encore à la pensée qu'il a, sans le savoir, frisé l'inceste, répare ses torts envers le baron en relevant le domaine de Sigognac. Le château de la misère devient un château de splendeur, et, grâce au vieux prince, le capitaine Fracasse, marié à Isabelle, rentre riche dans sa gentilhommière.

C'est là, comme on dit, une vieille histoire, mais les détails en font un chef-d'œuvre. Il faut visiter tous les détours de ce roman aux paysages lunaires, aux cabarets farouches et tout brumeux de la fumée des pipes, aux châteaux sévères, aux boudoirs semés d'amours et ciselés comme des bijoux de Benvenuto Cellini.

Le visiteur, qui feuilletait lentement la belle édition de Charpentier, se livrait, peut-être, à des considérations de ce genre. Il est, cependant, beaucoup plus probable qu'il pensait à la manière de s'y prendre pour remplir la mission dont il était chargé. A présent qu'on a sous les yeux les personnages du *Capitaine Fracasse* on peut juger qu'un banquet où chaque convive revêtirait l'enveloppe de l'un d'eux, devait avoir sa crânerie et offrir un aspect suffisamment diapré. L'un devait incarner Hérode, le tyran, l'autre Scapin, un troisième le baron de Sigognac. Puis, viendraient le pédant avec ses lunettes et sa souquenille, Léandre avec ses flots de dentelles, et Jacquemin Lampourde avec

Sa cape en dents de scie et ses bas en spirale.

On trouverait aisément une Isabelle, une Zerbine et une grande coquette. Seul, le personnage de la duègne, dame Léonarde, était délicat à proposer à une femme. La chose était impossible si la personne était jeune, difficile si elle était vieille, car on lui rappelait ainsi le nombre immodéré de ses printemps. Il eût fallu, pour ce rôle, une concierge mûre qu'on eût déterminée à se dévergonder en l'assurant que Paul de Kock avait fait le plus grand cas de Théophile Gautier. On n'y songea plus.

A présent, le tout était de discerner une façon convenable d'entrer en matière auprès du maître. Mais quel moyen de proposer de ces folies à un homme illustre ! Il n'y en avait pas et l'étudiant commençait à le sentir lui-même. Il était sur le point de n'y plus penser lorsqu'il se rappela qu'à trente ans Théophile Gautier se promenait rue de Navarin, tête nue, les cheveux lui tombant jusqu'à la ceinture, dans une veste noire, un pantalon à pied et des babouches jaunes, sous un parapluie.

Il entendit, en ce moment, un froissement de papier qui pouvait, à la rigueur, prouver que le poëte fermait son livre. Le visiteur leva discrètement les yeux. Théophile Gautier n'avait pas bougé.

La lecture commençait à paraître longue à l'étudiant, et il se disait tout bas que c'était la première fois de sa vie qu'il faisait antichambre chez quelqu'un, en tête à tête avec lui. Tout à coup, il remarqua le bruit que fait un volume en tombant sur un tapis. Il dressa la tête. Théophile Gautier dormait paisiblement.

Immobile, la figure tranquille et sculpturale, un de ses bras appuyé sur le bras du fauteuil, la main tombante et mue d'un tremblement imperceptible, il dormait dans une pose de Dieu ou de pontife éternellement assoupi dans son trône de marbre. Jeune, il avait écrit *Albertus* et *la Comédie de la Mort,* et chanté, dans *Mademoiselle de Maupin,* la sublimité de la chair. Plus tard, dans le *Roman de la Momie,* il ressuscitait la vieille Égypte. Il était brahme et flamine, comme l'a dit Victor Hugo, couronné de la double auréole du génie antique et du génie moderne, et, tête penchée et grisonnante, il dormait à la veille de mourir, lui qui avait fait un jour ce vers mélancolique :

Sommeil, dieu triste et doux, consolateur du monde.

On eût dit son entrée dans la gloire. Il faut que ce soit un spectacle bien rempli de vertige et d'éblouissement que celui d'un poëte illustre les yeux fermés par le sommeil, puisqu'une reine de France, qui ne le connaissait pas, baisa, un jour, les lèvres d'Alain Chartier endormi dans sa chaise.

Le visiteur resta, quelques instants, étonné et admirant. Puis, il ne put s'empêcher de sourire. Le livre tombé était ouvert à la page 33. On n'a jamais révélé le nom de l'auteur qui reposa sur les genoux de Gautier assoupi.

Que faire? Sans être aussi long que celui de Frédéric Barberousse, le sommeil du poëte pouvait durer quelque temps. L'étudiant allait revenir au *Capitaine Fracasse*, lorsque Gautier fit un léger soubresaut, entr'ouvrit les yeux et dit, en posant le livre sur une table :

« L'animal me fait dormir. »

Puis, écartant sa couverture, il se lève et rallume un reste de cigare à moitié broyé entre ses dents. Ayant réussi à lui communiquer un semblant d'étincelle, il s'enfonce de nouveau dans son fauteuil, et s'excuse avec une confusion polie de la torpeur incivile à laquelle il vient de succomber. L'auteur de *Fortunio*, le chantre de la jeunesse et de la santé, était malade et la mort commençait, dès longtemps, à l'assoupir. Il regarda l'étudiant avec un demi-sourire aimable et légèrement clignotant :

« Vous êtes poëte », lui dit-il.

Le visiteur fit un geste quelconque qui, dans sa pensée, voulait dire oui.

Il y eut un silence, Gautier poursuivit :

« Si vous êtes poëte et si vous avez l'intention de vous livrer au théâtre, faites de la bosse. »

L'étudiant réprima un mouvement de stupéfaction. Il ne comprenait pas du tout.

« Vous ne comprenez pas, reprit Gautier, et je reconnais, d'ailleurs, que je suis incompréhensible. Mais je vais tâcher de m'expliquer. Tout bon drame doit pouvoir se jouer en ballet. Il faudrait, à la rigueur, qu'on pût représenter chaque scène, en retranchant les mots, par la simple pantomime, et que les gestes seuls fissent le dialogue. Vous avez commis une comédie en vers? Il y a un moyen sûr de savoir ce qu'elle vaut; jetez les vers au feu. Si, malgré cela, il est encore possible de jouer la pièce, c'est qu'elle est bonne; sinon, c'est qu'elle est mauvaise. Au théâtre, le langage n'est qu'une loque dont on doit pouvoir se passer. »

L'étudiant, quelque peu étonné d'entendre

une semblable théorie dans la bouche d'un amoureux du style et de la forme, hasarda cette objection :

« Quand vous faites des vers ce ne sont pas des loques.

— Pardonnez-moi, reprit Gautier, je ne suis qu'un marchand d'habits galons... Mais ne parlons pas de moi et reprenons notre propos. Quiconque veut s'adonner au théâtre doit d'abord commencer par faire de simples ballets et de simples scenarios, s'habituer, en un mot, à exécuter des compositions sans paroles. Ce travail, fastidieux, éminemment bête, est à l'art dramatique ce que la bosse est au dessin. Pas de bosse, pas de dessin ; pas de pantomime, pas de théâtre. Parbleu, jeunes gens, faites de la bosse ! »

Il y avait une certaine ironie dans le ton

avec lequel Théophile Gautier avait dit ces paroles, et, peut-être même, quelque amertume.

En ce moment, le chat brun qui dormait sur la cheminée s'éveilla et vint frôler son dos en voûte contre la jambe de son maître. Gautier lui passa paternellement la main sur l'échine et reprit, cette fois sans ironie :

« Si vous êtes poëte, laissez là le théâtre. Il ne faut pas avoir de vers dans la tête si l'on veut se tenir sur les planches...

— Mais Shakespeare, interrompit l'étudiant. »

— Shakespeare ? fit Gautier, oui, et Hugo. On a vu, il est vrai, des poëtes être des auteurs dramatiques, mais qu'ils sont rares ! Un poëte doit avoir la bride sur le cou, un dramaturge ne l'a jamais. Moi qui vous parle, je n'ai rien fait de bon au théâtre. J'ai tenté des comédies, j'en tenterai encore, mais il vient un moment où je me sens emporté hors des lisières de la scène.

Il jeta un coup d'œil sur un secrétaire et ajouta :

— J'ai là des pièces commencées, je ne les achèverai pas. Ayant blanchi dans le feuilleton, je ne me fourvoie pas jusqu'au bout. D'ailleurs, faire un drame, un vaudeville ou une comédie, c'est construire une charpente, agencer une carcasse; il n'entre pas là dedans plus de style qu'il n'entre de décorations ou de sculptures dans l'écorché de planches d'une maison; tout esprit médiocre peut y réussir. La plupart des gens de théâtre ne sont que des ouvriers en menuiserie; on ne trouverait pas dans vingt de leurs œuvres un seul trait littéraire. Le public le demande, à ce qu'il paraît. La poésie le gêne? Elle ne le regarde pas. Moi, je n'ai jamais pu me faire à ce métier-là. J'ai dit, un jour, à d'Ennery : « Prends-moi donc dans tes ateliers pour m'apprendre à ajuster des machines. » Il m'a répondu : « Je ne veux pas, tu me gâterais tout mon bois. »

Il se leva, puis montrant la comédie sur laquelle il s'était endormi :

— Voilà un gaillard qui n'a jamais fait que des carcasses. Il est célèbre. Je n'aurais jamais eu ses succès. Et pourtant il me semble que je vaux mieux que ce monsieur-là. »

Théophile Gautier dit le mot de *monsieur* avec un inénarrable dédain. Deux simples syllabes contiennent quelquefois des mondes.

Ce monsieur-là! Cela signifiait qu'il était le dernier des grimauds de coulisses, un philistin, un être creux, un marchand de pruneaux qui se mêlait d'écrire, un barbouilleur qui avait volé le sort. Lui! joué à Paris, édité chez Michel Lévy, lui écouté, applaudi! « Mais il n'y avait donc plus que des niais partout! » *Ce monsieur-là!* Cela ne valait même pas la peine d'être salué. Quand ce *monsieur-là* allait quelque part, il était digne qu'on le fît monter par l'escalier de service et qu'on le traitât à la cuisine.

Voilà quelques-uns des dédains contenus dans ce *monsieur-là*.

Lorsque Gautier l'eut prononcé, il se mit à rire, comme pour l'atténuer et dire : « Au moins, ce n'est pas sérieux. X..., après tout, est un excellent garçon. »

L'auteur de *Mademoiselle de Maupin* et des *Grotesques* tempérait les foudres littéraires par le sourire de l'homme bon et par le rire du bonhomme.

Il fit un haussement d'épaules familier et ajouta, sur un ton de plaisanterie large qui enlevait toute dureté à ses propos :

« Ces faiseurs de carcasses ne valent pas le papier de leurs affiches; le bon Dieu les fabrique avec ses cervelles de rebut. Sedaine écrivait comme un maçon. »

Il changea de sujet brusquement :

« Vous lisiez, tout à l'heure, le *Capitaine Fracasse*.

— Oui.

— J'espère qu'on s'y marie un peu.

— C'est vrai. Mais, en revanche, on s'y bat.

— C'est une répétition. Il n'y a, d'ailleurs, que deux circonstances dans la vie où l'on use de quatre témoins, deux de part et d'autre : quand on se marie et quand on se bat. Mais il y a une différence : on se marie plus souvent pour se battre qu'on ne se bat pour se marier. »

Les plaisanteries sur le mariage sont vieilles comme le mariage lui-même, et innocentes comme les enfants qui en proviennent. Gautier rit lui-même de celles-là, tout en rallumant son cigare. Il ne quittait jamais ce morceau de végétal couleur chocolat, sur lequel il se livrait sans cesse à des tentatives d'incendie. La conversation faisait des méandres et des coudes. Peut-être serait-il difficile, sinon impossible, d'en reproduire ici tous les caprices. Causer n'est pas parler, parler n'est pas écrire, et ce qui enchante dans un tête-à-tête pourrait bien sembler froid dans une conférence ou un livre. Quoi de plus éblouissant qu'un ruisseau courant sur des cailloux mille fois lavés et polis? Cependant, plongez-y les mains, vous ne recueillerez qu'un peu d'eau terne. Ce qui en faisait la splendeur, c'était le frissonnement, l'allure, la nacre du sable, les reflets du ciel, le soleil. Comme on n'enchâsse que le diamant on ne burine que la pensée. Une causerie est chose si fragile, si fluide, si faite de paillettes et de rayons, que pour en donner l'impression vraie, il faut, non la citer, mais la décrire.

Théophile Gautier, après s'être levé, s'était remis dans son fauteuil, une jambe repliée sous lui, à la mode turque. Il adorait se récréer à des paradoxes bouffons. M. Émile Bergerat, qui vécut dans son intimité, raconte qu'absolument fermé à la musique, Gautier émettait, par badinage, les théories musicales les plus surprenantes. D'après lui, les musiciens étaient les bourreaux de la nature. « Ce qu'ils appellent chanter juste, disait-il, c'est, dans l'ordre, chanter faux; et ce qu'ils appellent chanter faux, c'est, en réalité, chanter juste. Ce qui le prouve, c'est que les chanteurs n'ont qu'à ouvrir la bouche pour faire aboyer les chiens, et que, tout au contraire, ces animaux acceptent, sans broncher, mes hurlements. » Après de semblables sorties, il ne manquait jamais de rire et de rallumer son cigare. Puis, il repartait, éclatant sur toute chose, art, poésie, cuisine, en aperçus pittoresques, en plaisanteries violentes et colorées, usant de termes d'un argot flamboyant, découpant des phrases dignes de l'atelier et dignes de l'Olympe. Il y avait dans cette conversation un fond d'étrangeté savoureuse relevée de saillies gauloises, et comme une extravagance heureuse qui vous charmait. Quelquefois, pour emprunter à Rabelais un mot superbe, Gautier s'exprimait de façon *horrifique*. « Si tu continues, criait-il un jour à l'un de ses amis sur un ton de colère burlesque, je vais t'ouvrir le ventre et tirer lentement tes entrailles jusqu'au fond du jardin [1]. »

On remarquera, dans cette plaisanterie, une sorte de parodie des cruautés orientales. En effet, lorsque Gautier parlait, on croyait entendre un Turc ayant l'esprit d'un Gaulois. Quelqu'un a dit que tout en lui était spirituel, autant que chez Voltaire, mais différemment, et c'est vrai. Il avait

---

[1]. M. Émile Bergerat, dans le *Bien public*.

des mots drôles qui vous éblouissaient comme de brusques rayons de soleil.

Cependant l'étudiant songeait à l'objet de sa visite. Mais comment s'exprimer sur un tel sujet? Décidément, le projet de festin moyen âge ne pouvait émaner que de fieffées cervelles de fous. Il ne pensait pas que le poëte pût avoir la superstition du mauvais œil et imagina, pour entrer en matière, d'exhiber la lettre du maestro jettatore. Pendant que Théophile Gautier en examinerait le contenu, on pourrait hasarder la proposition. Il tire le pli de sa poche et le lui présente.

L'auteur de *Spirite* avait des superstitions incurables; il fuyait jusqu'au souvenir des gens réputés pour avoir le mauvais œil. Or, il faut avouer qu'il y avait là une coïncidence bizarre. De tous les personnages illustres qui vivaient alors à Paris, il n'y avait peut-être que Théophile Gautier qui redoutât le mauvais œil; d'autre part, un seul l'avait, sans doute, de tous ces hommes célèbres; or, la signature qu'on présentait à l'un, était justement celle de l'autre. Niez donc la fatalité!

Le visiteur se préparait à parler, lorsque Gautier lui rendit silencieusement la lettre. En même temps il s'accomplissait dans la physionomie du poëte comme une révolution météorologique. D'épanoui il devint soucieux. C'était un nuage sur le soleil.

Le jeune homme sentit vaguement qu'il venait de faire un pas de clerc, perdit courage, garda un instant le silence, balbutia un salut et sortit.

Assez longtemps après, il lut dans un journal que Théophile Gautier, dans sa longue carrière de critique, n'avait jamais nommé le fatal maestro. On ajoutait qu'un autre écrivait le feuilleton dès qu'il fallait rendre compte d'une œuvre nouvelle du célèbre musicien.

Un an après cette visite, l'étudiant prenait de nouveau la route de Neuilly. Il allait rue de Longchamps, n° 33. Comme la première fois, il faisait beau temps et la porte était ouverte. Il apposa son nom sur le feuillet d'un cahier et se rendit à l'église. Il y avait foule aux abords ainsi qu'à l'intérieur. On enterrait Théophile Gautier !

Songeant, peut-être, au jour où il mourrait, le poëte avait écrit ces vers :

> Le squelette était invisible
> Au temps heureux de l'art païen ;
> L'homme, sous la forme sensible,
> Content du beau, ne cherchait rien.

Pas de cadavre sous la tombe,
Spectre hideux de l'être cher,
Comme d'un vêtement qui tombe,
Se déshabillant de sa chair.

Mais au feu du bûcher ravie,
Une pincée entre les doigts,
Résidu léger de la vie,
Qu'enserrait l'urne aux flancs étroits.

Ce que le papillon de l'âme
Laisse de poussière après lui,
Et ce qui reste de la flamme
Sur le trépied, lorsqu'elle a lui.

Tout au plus un petit génie
Du pied éteignait un flambeau ;
Et l'art versait son harmonie
Sur la tristesse du tombeau.

On le voit, Théophile Gautier rêvait d'autres funérailles que des psalmodies funèbres et le sommeil dans un linceul. L'artiste qui avait eu la haine de tout ce qui est triste, le mépris de tout ce qui est banal, l'amour de tout ce qui est joie, parfum et lumière, eût, sans doute, voulu des obsèques moins noires. L'office, par je ne sais quelle ironie des choses, fut célébré dans l'église la plus chétive et la plus laide de Paris, et Théophile Gautier monta, lui aussi, dans un de ces hideux camions de la mort, tant faits pour inspirer l'horreur. Un piquet de soldats l'accompagnait comme s'il eût été un simple fonctionnaire public; autour de son cercueil tremblaient quelques maigres lueurs, et l'on récitait sur son corps les mêmes prières qu'on avait dites sur la guenille de Boileau. Deux choses seulement rompirent la monotonie de ces funérailles incolores. Au cimetière, le prêtre ayant brusquement emporté l'eau bénite, la foule jeta sur le cercueil les dernières feuilles de l'automne. Le soleil resplendissait comme en été.

Des peuplades sauvages de l'Orient couchent, dit-on, leurs morts dans des jonques, le corps embaumé et la face tournée vers le ciel. Les amis du défunt, joyeux et parés comme pour une fête, se réunissent au son du zel et des cithares. Puis on livre la jonque au courant d'un fleuve. Les morts s'en vont ainsi, au fil de l'eau, lentement poussés vers la mer, n'ayant d'autres cierges mortuaires que les étoiles ou le soleil, d'autre linceul que des fleurs, d'autre tombeau que la nature, et bénis, au passage, par les arbres des îles qui secouent leurs parfums sur eux. Une telle sépulture allait à Théophile Gautier! Pourtant, qui le croirait! peut-être n'eut-il pas voulu qu'un fleuve, en l'emportant, exilât son cadavre d'une patrie mutilée. A l'époque de la guerre, il revint à Paris lorsqu'il sut que la grande ville allait lutter, car, lui qui aimait la lumière, il avait le culte de Paris, et il savait, d'ailleurs, qu'on n'éteint pas sa flamme avec un casque ! Et lui, l'artiste, lui l'épicurien antique, lui l'enveloppe insensible, lui l'amoureux de l'Orient, des parfums et du sommeil, il n'eût, peut-être, voulu de ces poétiques funérailles que le jour où, sans sortir de France, on eût pu livrer au Rhin la barque emportant son corps !

ERRATUM

Page 104, lire : l'*Oiseau blanc*, au lieu de : l'*Oiseau bleu*.

TABLE

L'Homme qui rit 1

Quatrevingt-treize. 109

Une après-midi chez Théophile Gautier. . 169

PARIS. — J. CLAYE, IMPRIMEUR, 7, RUE SAINT-BENOIT.— [11 52]

CATALOGUE
DE
MICHEL LÉVY
FRÈRES
LIBRAIRES-ÉDITEURS
ET DE
LA LIBRAIRIE NOUVELLE

DEUXIÈME PARTIE
Pièces nouvelles
Pièces grand in-18, édition de luxe. — Pièces grand in-8° à deux colonnes
Pièces in-8°. — Théâtre de Victor Hugo, in-8°
Répertoire du théâtre Italien. — Bibliothèque dramatique grand in-18
Théâtre contemporain illustré, in-4°. — Pièces faciles à jouer en société

RUE VIVIENNE, 2 BIS
ET BOULEVARD DES ITALIENS, 15
PARIS
—
JUILLET — 1862

DERNIÈRES PIÈCES PARUES

Title	Price	Title	Price	Title	Price
La Folle du logis	2 »	L'amour du Trapèze	» 40	Les Recruteurs	1 »
Un Mari à l'italienne	» 60	Salvator Rosa, op.-c.	1 »	Les Mariages d'aujourd'hui	2 »
Le Docteur Mirobolan	1 »	L'Homme aux Pigeons	» 60	Nos Bons Petits Camarades	1 »
Un Jeune Homme en location	» 60	Les Jarretières d'un Huissier	» 60	On demande une lectrice Gaëtana	2 »
Auberge des Ardennes	1 »	La Bague de Thérèse	» 40	La Fille du Paysan	1 »
Le Parasite	1 »	La Tour de Nesle à Pont-à-Mousson	1 »	Jocrisse	1 »
Le Pied de mouton	» 20	La Beauté du Diable, opéra-comique	1 »	M. et Mme Denis	1 »
Matelot et Fantassin	» 40	Onze jours de siége	1 50	Un Jeune homme qui a tant souffert	1 »
La Maison du Pont Notre-Dame	» 40	Le Crétin de la Montagne	1 »	La Demoiselle de Nanterre	1 »
Une Tasse de thé	1 »	La Vie indépendante	1 50	Vente au profit des pauvres	1 »
L'Escamoteur	» 40	Flamberge au vent	» 40	La Bouquetière des Innocents	1 »
M. Prosper	» 60	Un Mariage de Paris	1 50	Les Invalides du Mariage	2 »
Rédemption	2 »	Le Songe d'une nuit d'avril	1 »	Une fin de Bail	1 »
Le Capitaine Bitterlin	1 »	Piccolino	2 »	La dernière Idole	1 »
Un Tyran en sabots	1 »	La prise de Pékin	» 50	Chapitre V	» 40
Comme on gâte sa vie	» 20	Ombrelle compromise	» 40	Horace et Liline	» 60
Le Guide de l'étranger dans Paris	1 »	Cora	2 »	Chez Bonvallet	» 40
Réduction de Rédemption	1 »	Les Danses nationales de la France	1 »	La Jeunesse de Gramont	1 »
La Considération	2 »	Brouillés depuis Wagram	1 »	Les Amours champêtres	» 60
L'Hôtel de la Poste	» 40	La Beauté du Diable, pièce fantastique	» 40	Épernay ! 20 minutes d'arrêt	» 60
Trottmann le touriste	» 40	Le Décaméron	1 »	Carnaval de Troupiers	1 »
Le Passage Radziwill	1 »	L'Institutrice	2 »	Les Moulins à vent	1 50
La Colombe	1 »	Christophe Colomb	» 50	La Reine de Saba	1 »
La Dame de Monsoreau	2 »	L'Argent fait peur	1 »	Rothomago	» 50
Les Mitaines de l'ami Poulet	1 »	M. Choufleuri restera chez lui	1 »	Le Portefeuille rouge	40
Le Passé de Nichette	1 »	Un Dimanche à Robinson	» 40	Joaillier de St-James	1 »
Le Serment d'Horace	1 »	Alceste, opéra	» 40	La loi du Cœur	2 »
L'Éventail	1 »	L'Attaché d'ambassade	2 »	Diane de Valneuil	2 »
Les Pêcheurs de Catane	1 »	Le Lac de Glenaston	1 »	Après le Bal	1 »
Oh ! la ! la ! qu'c'est bête tout ça	1 »	La Poudre aux yeux	1 50	La Chatte merveilleuse	1 »
Les Femmes fortes	2 »	Vacances du Docteur	2 »	Les Poseurs	2 »
Une Heure avant l'ouverture	1 »	La Pluie et le Beau temps	1 »	Le Pavé	1 »
L'Étincelle	1 »	Les Deux Rats	1 »	Le Monsieur de la rue de Vendôme	1 »
Chamarin le Chasseur	1 »	Le Beau Narcisse	1 »	Le Voyage de MM. Dunanan père et fils	1 »
Les Effrontés	4 »	Une Dette de Jeunesse	1 »	Le Cotillon	1 »
La Famille de Puiméné	2 »	Le Neveu de Gulliver	1 »	Mon Ami du café Riche	1 »
La Mariée du Mardi gras	1 »	Violetta (la Traviata)	1 »	Un Mari dans du coton	1 »
L'Écureuil	1 »	Le Château en Espagne	1 »	L'Échéance	1 »
Le Sacrifice d'Iphigénie	1 »	Être présenté	1 »	La Papillonne	2 »
J'ai compromis ma femme	1 »	Après deux ans	1 »	La Perle noire	1 »
Gentilhomme pauvre	1 50	La Coquette	1 »	Le Furet des Salons	1 »
La Chasse aux papillons	1 »	L'Essai du mariage	1 »	Les Volontaires de 1814	2 »
L'Ange de minuit	2 »	Aimons notre prochain	1 »	La Fille d'Égypte	1 »
Les Deux Cadis	1 »	La Belle-Mère a des écus	1 »	Le Domestique de ma femme	1 »
Ma Femme est troublée	1 »	Voisins de Molinchart	1 »	Les Prés-St-Gervais	1 50
Les Vivacités du capitaine Tic	2 »	Les Parents terribles	1 50	Les Beaux Messieurs de Bois-Doré	2 »
Un Mari aux champignons	» 40	Valentine Darmentière	1 »	L'Idéal	1 »
Arrêtons les frais	» 60	Le Café du Roi	1 »	Lalla-Roukh	1 »
La Fille des Chiffonniers	1 »	Nos Intimes	2 »	Le Secret du Rétameur	1 »
Jaloux du passé	1 »	La Nuit aux Gondoles	1 »	La Boîte au lait	1 50
Les Trembleurs	1 »	L'Étoile de Messine	1 »	Le Café de la rue de la Lune	1 »
Béatrix	2 »	La Baronne de San-Francisco	1 »	Le Hussard persécuté	1 »
L'Amour en sabots	1 »	Chassé-Croisé	1 »	Delphine Gerbet	2 »
Un Jeune Homme qui ne fait rien	1 50	Le Mur mitoyen	1 50		
Y a Meinherr	1 »	Le Piége au Mari	» 60		
La Statue	1 »				
Royal-Cravate	1 »				

PIÈCES DE THÉATRE DIVERSES

ÉDITION DE LUXE

Format grand in-18 anglais

EDMOND ABOUT — fr. c.

LE CAPITAINE BITTERLIN, comédie en 1 acte .... 1 »
GAETANA, drame en 5 actes ...... 2 »
GUILLERY, com. en 3 actes (*épuisée*). 5 »
UN MARIAGE DE PARIS, com. en 3 a. 1 50
RISETTE, comédie en 1 acte ...... 1 »

ÉMILE AUGIER

L'AVENTURIÈRE, c. en 4 actes, en v. 2 »
UN BEAU MARIAGE, com. en 5 a., en p. 2 »
CEINTURE DORÉE, c. en 3 a., en prose 1 50
LA CHASSE AU ROMAN, com. en 3 act. 1 50
LA CIGUE, com. en 2 actes, en vers. 1 50
DIANE, drame en 5 actes, en vers. . 2 »
LES EFFRONTÉS, com. en 5 actes, en prose .... 2 »
GABRIELLE, com. en 5 actes, en vers. 2 »
LE GENDRE DE M. POIRIER, comédie en 4 actes, en prose ...... 2 »
L'HABIT VERT, proverbe en 1 acte. . 1 »
L'HOMME DE BIEN, c. en 3 act., en v. 1 50
LA JEUNESSE, com. en 5 actes, en vers 2 »
LES LIONNES PAUVRES, comédie en 5 actes, en prose .... 2 »
LE MARIAGE D'OLYMPE, comédie en 3 actes, en prose 1 50
LES MÉPRISES DE L'AMOUR, comédie en 5 actes, en vers 1 50
PHILIBERTE, com. en 3 actes, en vers. 1 50
LA PIERRE DE TOUCHE, comédie en 5 actes, en prose .... 2 »
SAPHO, opéra en 3 actes .... 2 »

J. AUTRAN

LA FILLE D'ESCHYLE, trag. en 5 actes. 1 50

TH. DE BANVILLE

LE BEAU LÉANDRE, com. en 1 a., en v. 1 »
LE COUSIN DU ROI, com. en 1 a., en v. 1 »

JULES BARBIER — fr. c.

ANDRÉ CHÉNIER, dr. en 3 a., en vers. 1 »
LE BERCEAU, com. en 1 acte, en vers. 1 »
CORA, OU L'ESCLAVAGE, drame en 5 a. 2 »
UNE DISTRACTION, comédie en 1 acte. 1 »
L'OMBRE DE MOLIÈRE, à-propos en 1 acte, en vers .... 1 »
UN POÈTE, drame en 5 actes, en vers. 2 »
LES PREMIÈRES COQUETTERIES, comédie en 1 acte .... 1 »

BARRILLOT

UN PORTRAIT DE MAÎTRE, comédie en 1 acte, en vers .... 1 »

THÉODORE BARRIÈRE

L'ANGE DE MINUIT, drame en 5 actes. 2 »
CENDRILLON, comédie en 5 actes . . 2 »
LES FAUSSES BONNES FEMMES, comédie en 5 actes .... 2 »
LES FAUX BONSHOMMES, comédie en 4 actes .... 2 »
LE FEU AU COUVENT, com. en 1 acte. 1 »
LES FILLES DE MARBRE, c. en 5 actes. 1 50
LES GENS NERVEUX, com. en 3 actes. 1 50
L'HÉRITAGE DE M. PLUMET, comédie en 4 actes .... 2 »
L'OUTRAGE, drame en 5 actes .... 2 »
LE PIANO DE BERTHE, com. en 1 act. 1 »
LA VIE DE BOHÈME, com. en 5 actes. 1 50

ARMAND BARTHET — fr. c.

LE CHEMIN DE CORINTHE, comédie en 3 actes, en vers 1 50
LE MOINEAU DE LESBIE, comédie en 1 acte, en vers .... 1 »

ROGER DE BEAUVOIR

LA RAISIN, com. en 2 actes, en vers. 1 50

Mme ROGER DE BEAUVOIR

	fr.	c.
AU COIN DU FEU, comédie en 1 acte.	1	»
DOS A DOS, comédie en 1 acte.	1	50

F. BÉCHARD

LES DÉCLASSÉS, comédie en 4 actes.	1	50
LE PASSÉ D'UNE FEMME, dr. en 4 act.	1	50

AD. BELOT

LES PARENTS TERRIBLES, c. en 3 a.	1	50
LA VENGEANCE DU MARI, dr. en 3 act.	1	50

LE MARQUIS DE BELLOY

KAREL DUJARDIN, c. en 1 acte, en v.	1	»
PYTHIAS ET DAMON, c. en 1 a., en v.	1	»

Mme CAROLINE BERTON

LA DIPLOMATIE DU MÉNAGE, comédie en 1 acte.	1	»
LES PHILOSOPHES DE VINGT ANS, comédie en 1 acte.	1	»

H. BLAZE DE BURY

LE DÉCAMÉRON, comédie en 1 acte, en vers.	1	»

LOUIS BOUILHET

Mme DE MONTARCY, dr. en 5 a., en vers	2	»

ANIC. BOURGEOIS et A. DECOURCELLE

LES MARIAGES D'AUJOURD'HUI, comédie en 4 actes	2	»

RAOUL BRAVARD

LOUISE MILLER, drame en 5 actes, en vers, traduit de Schiller.	2	»

AUGUSTINE BROHAN

LES MÉTAMORPHOSES DE L'AMOUR, comédie en 1 acte.	1	»
IL FAUT TOUJOURS EN VENIR LA ! comédie en 1 acte.	1	50

CLAIRVILLE & CHOLER

LE COTILLON, à-propos en 1 acte.	1	»

CLEMENT CARAGUEL

LE BOUGEOIR, comédie en 1 acte.	1	»

RENÉ CLÉMENT

L'ONCLE DE SICYONE, comédie en 1 acte, en vers.	1	»

EDMOND COTTINET

L'AVOUÉ PAR AMOUR, comédie en 1 acte, en vers.	1	»

CHARLES DE COURCY

	fr.	c.
LE CHEMIN LE PLUS LONG, comédie en 3 actes.	1	50
DANIEL LAMBERT, drame en 5 actes.	2	»
DIANE DE VALNEUIL, com. en 5 a.	2	»

E. & H. CRÉMIEUX

FIESQUE, drame en 5 actes, en vers.	2	»

LOUIS D'ASSAS

LA VÉNUS DE MILO, comédie en 3 actes, en vers.	1	50

DELACOUR

APRÈS LE BAL, comédie en 1 acte.	1	»
LA FEMME DOIT SUIVRE SON MARI, comédie en 1 acte.	1	»
J'AI COMPROMIS MA FEMME, comédie en 1 acte.	1	»

PAUL DHORMOYS

FAIRE SON CHEMIN, com. en 5 actes.	1	50

DAVID DIDIER

MON EMPEREUR, impromptu en 1 act.	1	»

CAMILLE DOUCET

LA CONSIDÉRATION, com. en 4 actes, en vers.	2	»
LES ENNEMIS DE LA MAISON, comédie en 3 actes, en vers.	1	50
LE FRUIT DÉFENDU, comédie en 3 act. en vers.	1	50

FERDINAND DUGUÉ

FRANCE DE SIMIERS, drame en 5 actes, en vers.	2	»
WILLIAM SHAKSPEARE, dr. en 5 actes.	2	»

DUHOMME ET E. SAUVAGE

LA SERVANTE DU ROI, drame en 5 actes, en vers.	2	»

DUMANOIR

LE CAMP DES BOURGEOISES, comédie en 1 acte.	1	»
L'ÉCOLE DES AGNEAUX, comédie en 1 acte, en vers.	1	»
LES FEMMES TERRIBLES, c. en 3 act.	1	50
LE GENTILHOMME PAUVRE, comédie en 2 actes.	1	50
LES INVALIDES DU MARIAGE, comédie en 3 actes.	2	»
JEANNE QUI PLEURE ET JEANNE QUI RIT, comédie en 4 actes.	2	»
MA FEMME EST TROUBLÉE, com. en 1 a.	1	»
LES TREMBLEURS, comédie en 1 acte.	1	»
UN TYRAN EN SABOTS, com. en 1 act.	1	»

PIÈCES DE THÉATRE. — ÉDITION DE LUXE.

ADOLPHE DUMAS   fr. c.
L'ÉCOLE DES FAMILLES, comédie en 5 actes, en vers. . . . . 1 »

ALEXANDRE DUMAS
L'ENVERS D'UNE CONSPIRATION, comédie en 5 actes. . . . . 2 »
LE GENTILHOMME DE LA MONTAGNE, drame en 5 actes. . . . . 2 »
LE ROMAN D'ELVIRE, opéra-comique en 3 actes. . . . . 1 »
LA DAME DE MONSOREAU, drame en 5 actes et 11 tableaux. . . . . . 2 »

ALEXANDRE DUMAS FILS
LA DAME AUX CAMÉLIAS, dr. en 5 a. 1 50
LE DEMI-MONDE, comédie en 5 actes. 2 »
DIANE DE LYS, drame en 5 actes. . . 2 »

CHARLES EDMOND
L'AFRICAIN, comédie en 4 actes. . . 2 »
LA FLORENTINE, drame en 5 actes. . 1 50

ADOLPHE D'ENNERY
LE SACRIFICE D'IPHIGÉNIE, comédie en 1 acte. . . . . 1 »

OCTAVE FEUILLET
LE CHEVEU BLANC, com. en 1 acte. . 1 »
LA CRISE, comédie en 4 actes. . . . 1 50
DALILA, drame en 6 parties. 1 50
LA FÉE, comédie en 1 acte. . . . . . 1 »
PÉRIL EN LA DEMEURE, comédie en 2 actes. 1 50
LE POUR ET LE CONTRE, comédie en 1 acte. . . . . 1 »
RÉDEMPTION, comédie en 5 actes. . 2 »
LE ROMAN D'UN JEUNE HOMME PAUVRE, comédie en 5 actes. . . . . . 2 »
LA TENTATION, comédie en 5 actes. . 2 »
LE VILLAGE, comédie en 1 acte. . . 1 »

CHARLES FILLIEU
LE BARDE GAULOIS, drame en 2 actes, en vers. . . . . 1 »

PAUL FOUCHER
DELPHINE GERBET, comédie en 4 a. 2 »
L'INSTITUTRICE, drame en 4 actes. . 2 »
LA JOCONDE, comédie en 5 actes. . 2 »

N. FOURNIER ET ALPHONSE.
LA VIE INDÉPENDANTE, comédie en 4 actes, en prose. 1 50

EDOUARD FOUSSIER
UN BEAU MARIAGE, com. en 5 actes, en prose. . . . . 2 »
LA FAMILLE DE PUIMÉNÉ, comédie en 5 actes, en prose. . . . . . . 2 »
HÉRACLITE ET DÉMOCRITE, comédie en 2 actes, en vers. 1 50
LES JEUX INNOCENTS, comédie en 1 acte, en vers. . . . . 1 »
UNE JOURNÉE D'AGRIPPA, comédie en 5 actes, en vers. 1 50
LES LIONNES PAUVRES, comédie en 5 actes, en prose. . . . . 2 »
LE TEMPS PERDU, com. en 3 a. en v. 1 50

ARNOULD FRÉMY
LA RÉCLAME, comédie en 5 actes. . . 1 1

Mme ÉMILE DE GIRARDIN
C'EST LA FAUTE DU MARI, comédie en 1 acte, en vers. . . . . 1 »
LE CHAPEAU D'UN HORLOGER, comédie en 1 acte, en prose. . . . . . 1 »
L'ÉCOLE DES JOURNALISTES, comédie en 5 actes, en vers. . . . . 1 »
UNE FEMME QUI DÉTESTE SON MARI, comédie en 1 acte, en prose. . . 1 »
LA JOIE FAIT PEUR, c. en 1 a., en pr. 1 50
JUDITH, tragédie en 3 actes . . . . 1 »
LADY TARTUFFE, comédie en 5 actes, en prose. . . . . 2 »

ÉMILE DE GIRARDIN
LA FILLE DU MILLIONNAIRE, comédie en 3 actes. . . . . 2 »

LÉON GOZLAN
LA FAMILLE LAMBERT, com. en 2 act. 1 »
IL FAUT QUE JEUNESSE SE PAYE, comédie en 4 actes. . . . . 2 »
LA FIN DU ROMAN, comédie en 1 acte. 1 »
LE GATEAU DES REINES, comédie en 5 actes. . . . . 2 »
UN PETIT BOUT D'OREILLE, c. en 1 a. 1 »
LA PLUIE ET LE BEAU TEMPS, comédie en 1 acte. . . . . 1 »

E. GRANGÉ & J. NORIAC
LA BOÎTE AU LAIT, com.-vaud. en 5 a. 1 50

LÉON HALÉVY
CE QUE FILLE VEUT...., comédie en 1 acte, en vers. . . . . 1 »

ARSÈNE HOUSSAYE

fr. c.

LA COMÉDIE A LA FENÊTRE, comédie en 1 acte .... 1 »

CHARLES HUGO

JE VOUS AIME, comédie en 1 acte... 1 »

A. JAIME FILS

IL LE FAUT, comédie en 1 acte..... 1 »

ALPHONSE KARR

LA PÉNÉLOPE NORMANDE, comédie en 5 actes .... 2 »

A. DE KÉRANIOU

NOBLESSE OBLIGE, comédie en 5 act. 2 »

EUG. LABICHE ET ED. MARTIN

L'AMOUR, UN FORT VOLUME, comédie en 1 acte .... 1 »
LES PETITES MAINS, comédie en 3 act. 1 50
LA POUDRE AUX YEUX, com. en 2 ac. 1 50
LES VIVACITÉS DU CAPITAINE TIC, comédie en 3 actes .... 2 »
LE VOYAGE DE M. PERRICHON, comédie en 4 actes .... 2 »

JULES LACROIX

ŒDIPE ROI, de Sophocle, tragédie en 5 actes .... 2 »

CHARLES LAFONT

L'ARIOSTE, com. en 1 acte, en vers. 1 »
LE DERNIER CRISPIN, comédie en 1 acte, en vers .... 1 »
LE PASSÉ D'UNE FEMME, dr. en 4 act. 1 50

LÉOPOLD LALUYÉ

L'IDÉAL, com. en 1 acte, en vers. 1 »

LATOUR SAINT-YBARS

LE DROIT CHEMIN, c. en 5 act., en v. 2 »
LA FOLLE DU LOGIS, comédie en 4 actes, en prose .... 2 »
ROSEMONDE, tragédie en 1 acte ... 1 »

LÉON LAYA

LES CŒURS D'OR, comédie en 3 actes. 2 »
LE DUC JOB, comédie en 4 actes... 2 »
LES JEUNES GENS, comédie en 3 actes 1 50
LA LOI DU CŒUR, coméd. en 3 actes. 2 »
LES PAUVRES D'ESPRIT, comédie en 3 actes 1 50

JULES LECOMTE

LE COLLIER, comédie en 1 acte.... 1 »
LE LUXE, comédie en 4 actes...... 2 »

ERNEST LEGOUVÉ

fr. c.

BATAILLE DE DAMES, com. en 3 actes 1 »
BÉATRIX OU LA MADONE DE L'ART, drame en 5 actes .... 2 »
LES CONTES DE LA REINE DE NAVARRE, comédie en 5 actes. ... 1 »
LES DOIGTS DE FÉE, comédie en 5 a. 2 »
UN JEUNE HOMME QUI NE FAIT RIEN, comédie en 1 acte en vers. 1 50
LE PAMPHLET, comédie en 2 actes.. 1 »
PAR DROIT DE CONQUÊTE, comédie en 3 actes 1 50
UN SOUVENIR DE MANIN, épisode... 1 »

ERN. L'ÉPINE & ALPH. DAUDET

LA DERNIÈRE IDOLE, drame en 1 acte. 1 »

LIADIÈRES

LES BATONS FLOTTANTS, comédie en 5 actes, en vers .... 2 »

HIPPOLYTE LUCAS

MÉDÉE, tragédie en 3 actes...... 1 50

FÉLICIEN MALLEFILLE

LE CŒUR ET LA DOT, com. en 4 actes. 2 »
LES DEUX VEUVES, comédie en 1 acte 1 »
LES MÈRES REPENTIES, dr. en 4 act. 2 »

AUGUSTE MAQUET

LA BELLE GABRIELLE, drame en 5 a. 2 »
LA DAME DE MONSOREAU, drame en 5 actes et 11 tableaux. .... 2 »

ALEXIS MARTIN

LA FÊTE DE MOLIÈRE, comédie en 1 acte, en vers 1

MAZÈRES

LE COLLIER DE PERLES, comédie en 3 actes 1 50
LA NIAISE, comédie en 4 actes ... 2 »

HENRI MEILHAC

L'ATTACHÉ D'AMBASSADE, com. en 3 a. 2 »
LE CAFÉ DU ROI, op.-com. en 1 acte. 1 »
L'ÉCHÉANCE, comédie en 1 acte ... 1 »
L'ÉTINCELLE, comédie en 1 acte... 1 »
UNE HEURE AVANT L'OUVERTURE, prologue en 1 acte .... 1 »
LES MOULINS A VENT, coméd. en 3 act. 1 50
UN PETIT FILS DE MASCARILLE, comédie en 5 actes .... 2 »

MERY

AIMONS NOTRE PROCHAIN, comédie en 1 acte, en prose........ 1 »

MÉRY (Suite)

	fr. c.
APRÈS DEUX ANS, com. en 1 a., en pr.	1 »
LE CHARIOT D'ENFANT, drame en 5 actes, en vers.	2 »
LE CHATEAU EN ESPAGNE, comédie en en 1 acte, en vers.	1 »
LA COQUETTE, com. en 1 a., en prose.	1 »
LES DEUX FRONTINS, c. en 1 a. en v.	1 »
L'ESSAI DU MARIAGE, c. en 1 a., en pr.	1 »
ÊTRE PRÉSENTÉ, c. en 1 a., en prose.	1 »
GUSMAN LE BRAVE, dr. en 5 a., en v.	2 »
HERCULANUM, opéra en 4 actes.	1 »
MAÎTRE VOLFRAM, op.-com. en 1 acte.	1 »
LE SAGE ET LE FOU, comédie en 3 actes, en vers.	1 50
SÉMIRAMIS, opéra en 4 actes.	1 »

PAUL MEURICE

L'AVOCAT DES PAUVRES, dr. en 5 act.	2 »
LES BEAUX MESSIEURS DE BOIS-DORÉ, drame en 5 actes	2 »
FANFAN LA TULIPE, drame en 5 actes.	2 »
LE MAÎTRE D'ÉCOLE, drame en 5 actes	2 »
LE ROI DE BOHÊME ET SES SEPT CHATEAUX, drame en 5 actes.	2 »

ÉDOUARD MEYER

STRUENSÉE, drame en 5 actes.	1 »

HENRY MONNIER & J. RENOULT

PEINTRES ET BOURGEOIS, comédie en 3 actes, en vers	1 50

EUGÈNE MULLER

LE TRÉSOR DE BLAISE, com. en 1 acte	1 »

TH. MURET

MICHEL CERVANTES, drame en 4 actes, en vers.	1 50

HENRY MURGER

LE BONHOMME JADIS, com. en 1 acte.	1 »
LE SERMENT D'HORACE, com. en 1 a.	1 »
LA VIE DE BOHÊME, com. en 5 actes.	1 50

PAUL DE MUSSET

CHRISTINE ROI DE SUÈDE, comédie en 3 actes.	1 50
LA REVANCHE DE LAUZUN, comédie en 4 actes.	1 50

ÉMILE DE NAJAC

LE CAPITAINE BITTERLIN, com. en 1 a.	1 »
LA FILLE DE TRENTE ANS, c. en 4 a.	2 »

ÉMILE DE NAJAC (Suite)

	fr. c.
UN MARIAGE DE PARIS, com. en 3 a.	1 50
LA POULE ET SES POUSSINS, c. en 2 a.	1 50
VENTE AU PROFIT DES PAUVRES, com. en 1 acte.	1 »

HENRI NICOLLE

LES PROJETS DE MA TANTE, comédie en 1 acte.	1 »

CH. NUITTER & J. DERLEY

UNE TASSE DE THÉ, com. en 1 acte.	1 »

GALOPPE D'ONQUAIRE

LES VERTUEUX DE PROVINCE, comédie en 3 actes.	1 50

CH. PAGÉSIS & L. DE CHAMBRAIT

COMMENT LA TROUVES-TU?, c. en 1 a.	1 »

ÉDOUARD PAILLERON

LE MUR MITOYEN, comédie en 2 actes, en vers.	1 50
LE PARASITE, comédie en 1 acte, en vers.	1 »

ÉDOUARD PLOUVIER

L'ANGE DE MINUIT, drame en 5 actes.	2 »
L'OUTRAGE, drame en 5 actes.	2 »
LE PAYS DES AMOURS, com. en 5 act.	1 50
LE SANG MÊLÉ, drame en 5 actes.	1 50
TOUTE SEULE, comédie en 1 acte.	1 »
TROP BEAU POUR RIEN FAIRE, comédie en 1 acte.	1 »

F. PONSARD

AGNÈS DE MÉRANIE, trag. en 5 actes	1 50
LA BOURSE, com. en 5 actes, en vers.	2 »
CE QUI PLAIT AUX FEMMES, comédie en 3 actes, prose et vers.	2 »
CHARLOTTE CORDAY, tr. en 5 actes.	1 50
L'HONNEUR ET L'ARGENT, comédie en 5 actes, en vers.	2 »
HORACE ET LYDIE, c. en 1 act. en vers	1 »
LUCRÈCE, tragédie en 5 actes.	1 50
ULYSSE, tragédie en 5 actes.	2 »

CHARLES POTRON

UN FEU DE PAILLE, comédie en 1 acte	1 »
FEU LIONEL, comédie en 3 actes.	1 50

J. DE PRÉMARAY

	fr. c.
LA BOULANGÈRE A DES ÉCUS, drame en 5 actes.	1 50
LES CŒURS D'OR, com. en 3 actes.	2 »
LES DROITS DE L'HOMME, comédie en 2 actes.	1 50
LA JEUNESSE DE GRAMONT, comédie en 1 acte.	1 »

LOUIS RATISBONNE

HÉRO ET LÉANDRE, drame antique en 1 acte, en vers.	1 »

AMÉDÉE ROLLAND

LE MARCHAND MALGRÉ LUI, comédie en 5 actes, en vers.	2 »
UN PARVENU, com. en 5 actes, en v.	2 »
UN USURIER DE VILLAGE, dr. en 5 a.	2 »
LES VACANCES DU DOCTEUR, drame en 4 actes, en vers.	2 »

GEORGE SAND

LES BEAUX MESSIEURS DE BOIS-DORÉ, drame en 5 actes.	2 »
COMME IL VOUS PLAIRA, com. 3 actes	1 50
LE DÉMON DU FOYER, com. en 2 actes	1 50
FRANÇOISE, comédie en 4 actes.	2 »
LUCIE, comédie en 1 acte.	1 »
MAÎTRE FAVILLA, drame en 3 actes.	1 50
MARGUERITE DE Ste-GEMME, com. 3 a.	2 »
LE PAVÉ, comédie en 1 acte.	1 »
LE PRESSOIR, drame en 3 actes.	2 »
LES VACANCES DE PANDOLPHE, comédie en 3 actes.	2 »

JULES SANDEAU

LA CHASSE AU ROMAN, com. 3 actes.	1 50
LE GENDRE DE M. POIRIER, comédie en 4 actes.	2 »
MADEMOISELLE DE LA SEIGLIÈRE, comédie en 4 actes.	2 »
LA PIERRE DE TOUCHE, comédie en 5 actes.	2 »

VICTORIEN SARDOU

L'ÉCUREUIL, comédie en 1 acte.	1 »
LES FEMMES FORTES, com. en 3 actes	2 »
LES GENS NERVEUX, com. en 3 actes.	1 50
M. GARAT, comédie en 2 actes.	1 »
NOS INTIMES, comédie en 4 actes.	2 »
LA PAPILLONNE, comédie en 3 actes.	2 »
LES PATTES DE MOUCHE, comédie en 3 actes.	2 »

VICTORIEN SARDOU (Suite)

	fr. c.
LA PERLE NOIRE, comédie en 3 actes.	2 »
PICCOLINO, comédie en 3 actes.	2 »
LES PRÉS-SAINT-GERVAIS, com. 2 a.	1 50
LA TAVERNE, comédie en 3 actes.	1 50

LE COMTE DE SAYVE

PIERRE LE GRAND, drame historique en 5 actes, en vers.	1 »

EUGÈNE SCRIBE

BATAILLE DE DAMES, com. en 3 actes	1 »
LES CONTES DE LA REINE DE NAVARRE, comédie en 5 actes.	1 »
LA CZARINE, drame en 5 actes.	2 »
LES DOIGTS DE FÉE, com. en 5 actes.	2 »
LA FILLE DE TRENTE ANS, c. en 4 ac.	2 »
FEU LIONEL, comédie en 3 actes.	1 50
RÊVES D'AMOUR, comédie en 3 actes.	1 50

VICTOR SÉJOUR

ANDRÉ GÉRARD, drame en 5 actes.	2 »
LES AVENTURIERS, drame en 5 actes.	2 »
LA CHUTE DE SÉJAN, drame en 5 act. en vers.	2 »
LE COMPÈRE GUILLERY, dr. en 5 actes	2 »
LES GRANDS VASSAUX, dr. en 5 actes.	2 »
LE MARTYRE DU CŒUR, dr. en 5 actes	2 »
LES NOCES VÉNITIENNES, dr. en 5 act.	2 »
LE PALETOT BRUN, comédie en 1 acte.	1 »
RICHARD III, drame en 5 actes.	2 »
LA TIREUSE DE CARTES, dr. en 5 actes	2 »
LES VOLONTAIRES DE 1814, dr. en 5 a.	2 »

ERNEST SERRET

L'ANNEAU DE FER, comédie en 4 actes, en prose.	1 50
LES FAMILLES, com. en 5 actes, en v.	1 50
UN MAUVAIS RICHE, comédie en 5 actes, en vers.	2 »
QUE DIRA LE MONDE? comédie en 5 actes, en prose.	2 »

LE COMTE SOLLOHUB

UNE PREUVE D'AMITIÉ, comédie en 3 actes.	1 50

DANIEL STERN

JEANNE D'ARC, drame en 5 actes.	2 »

LAMBERT THIBOUST

LES FEMMES QUI PLEURENT, comédie en 1 acte.	1 »

LAMBERT THIBOUST (*Suite*) fr. c.

LES FILLES DE MARBRE, comédie en 5 actes... 1 50
JE DINE CHEZ MA MÈRE, comédie en 1 acte... 1 »
UN MARI DANS DU COTON, comédie en 1 acte... 1 »
LE PASSÉ DE NICHETTE, comédie en 1 acte... 1 »
LES POSEURS, comédie en 3 actes. 2 »

L. THIBOUST & AUR. SCHOLL

ROSALINDE, OU NE JOUEZ PAS AVEC L'AMOUR, comédie en 1 acte... 1 »

MARIO UCHARD

LA FIAMMINA, comédie en 4 actes... 2 »
LE RETOUR DU MARI, com. en 4 actes. 2 »
LA SECONDE JEUNESSE, com. en 4 act. 2 »

AUGUSTE VACQUERIE fr. c.

LES FUNÉRAILLES DE L'HONNEUR, dr. en 7 actes... 2 »
SOUVENT HOMME VARIE, comédie en 2 actes, en vers... 1 50

VERCONSIN ET LESBAZEILLES

UNE DETTE DE JEUNESSE, comédie en 1 acte... 1 »

J. VIARD ET H. DE LA MADELEINE

FRONTIN MALADE, comédie en 1 acte, en vers... 1 »

VIENNET

SELMA, drame en 1 acte, en vers... 1 »

PIÈCES DE THÉATRE

Imprimées dans le format in-8 ordinaire

	fr. c.		fr. c.		fr. c.
Alexis ou l'Erreur d'un bon Père	1 »	Locataires et Portiers	1 »	La Popularité	» 60
André le Chansounier	1 »	Le Modèle	» 60	La Princesse Aurélie	» 60
La Belle-Mère et le Gendre	» 60	Le Monomane	1 »	Robert Bruce, *drame*	1 »
La Clef dans le dos	1 »	Monsieur Pinchard	1 »	Santeuil ou le Chanoine au cabaret	1 50
Cléopâtre	2 »	Les Monténégrins	2 »	La Servante justifiée, *ballet*	1 »
Un Docteur en herbe	1 »	Mort de Strafford	1 50	Suzanne de Foix	2 »
Eve	1 »	Les Mousquetaires de la Reine	1 50	Vieillesse de Richelieu	1 50
Gibby la Cornemuse	1 50	Les Noces de Gamache	» 60		
Iphigénie en Tauride	1 »	Palma	1 »		
		Le Paquebot	1 »		

THÉATRE DE VICTOR HUGO

Imprimé à deux colonnes, format grand in-8

Chaque Pièce se vend séparément 60 centimes

HERNANI, drame en 5 actes, en vers.	MARIE TUDOR, drame en 5 actes, en prose.
MARION DELORME, dr. en 5 act., en vers.	ANGÉLO, drame en 4 actes, en prose.
LE ROI S'AMUSE, dr. en 5 actes, en vers.	RUY-BLAS, drame en 5 actes, en vers.
LUCRÈCE BORGIA, dr. en 5 actes, en vers.	LES BURGRAVES, dr. en 3 actes, en vers.

BIBLIOTHÈQUE DRAMATIQUE

CHOIX DE PIÈCES NOUVELLES

JOUÉES SUR LES THÉATRES DE PARIS

Format grand in-dix-huit

Il paraît trois ou quatre pièces par mois. — Quatre volumes par an.

Prix de chaque Volume : 5 francs

Chaque volume et chaque pièce se vendent séparément. — Le tome LXX est en vente.

A

	fr. c.
Absences de Monsieur	1 »
A Clichy	» 60
Adolphe et Sophie	» 20
L'Affaire Chaumontel	1 »
L'Affaire de la rue de l'Ourcine	1 »
L'Africain	2 »
Agnès de Méranie	1 50
Ah! vous dirai-je, maman?	» 60
Aimer et Mourir	1 »
Aimons notre prochain	1 »
A la campagne	1 »
Alceste, *opéra*	» 40
Alceste, *tragédie*	1 »
Alexandre chez Apelles	1 »
Allons battre ma femme	» 60
L'Amant aux bouquets	1 »
L'Amant de cœur	1 »
L'Amant jaloux	1 »
Un Amant qui ne veut pas être heureux	» 60
Les Amants de Murcie	» 20
Un Ami acharné	» 60
L'Ami des femmes	1 »
L'Ami du roi de Prusse	» 60
L'Ami François	» 60
L'Amiral de l'escadre bleue	» 40
L'Amitié des femmes	1 »
L'Amour	2 »
Amour à l'aveuglette	1 »
L'Amour au daguerréotype	» 60
Amour dans un ophicléide	» 60
L'amour du Trapèze	» 40

	fr. c.
L'Amour en sahots	1 »
Amour et Bergerie	» 60
Amour et Caprice	» 60
Amour et Pruneaux	1 »
L'Amour et son train	2 »
Amoureux de la bourgeoise	1 »
Amoureux de ma femme	1 »
Les Amoureux sans le savoir	1 »
L'Amour pris aux cheveux	» 60
L'Amour mouillé	» 60
Les Amours champêtres	» 60
Les Amours de Cléopâtre	1 »
Les Amours d'un serpent	1 »
Les Amours forcés	1 »
L'Amour un fort volume	1 »
André Chénier	1 »
André Gérard	2 »
Andromaque	» 60
L'Ane mort	1 »
L'Ange de minuit	2 »
L'Ange du rez-de-chaussée	» 60
Les Anges du foyer	» 60
Anguille sous roche	1 »
L'Anneau d'argent	» 60
L'Anneau de fer	1 50
L'Année prochaine	» 60
Après deux ans	1 »
Après le Bal	1 »
Après l'orage vient le beau temps	» 60
A qui le Bébé?	» 60
A qui mal veut	» 60

	fr. c.
L'Argent	1 »
L'Argent du diable	1 »
L'Argent fait peur	1 »
L'Arioste	1 »
Arrêtons les frais	» 60
L'Attaché d'ambassade	2 »
As-tu tué le Mandarin?	» 60
As-tu vu la Comète, mon gas?	2 »
Les Atomes crochus	1 »
Auberge des Ardennes	1 »
Au coin du feu	1 »
Avait pris femme, le sire de Framboisy	2 »
L'Avare en gants jaunes	1 »
Aventures de Mandrin	» 40
Aventures de Suzanne	1 »
Aventures d'un paletot	» 60
L'Aventurière	2 »
Les Aventuriers	2 »
L'Aveugle	1 »
Avez-vous besoin d'argent?	» 60
L'Avocat des Pauvres	2 »
L'Avocat du Diable	1 »
L'Avocat d'un grec	1 »
Les Avocats	» 60
L'Avoué par amour	1 »

B

	fr. c.
La Bague de fer	» 20
La Bague de Thérèse	» 40
Les Baignoires du Gymnase	» 60
Les Baisers	» 60

12 LIBRAIRIE DE MICHEL LÉVY FRÈRES.

	fr.	c.
Bajazet	»	60
La Balançoire	1	»
Un Bal d'Auvergnats	1	»
Le Bal du prisonnier	2	»
Un Bal sur la tête	1	»
Un Banc d'huîtres	1	»
Un Banquier comme il y en a peu	»	60
Le Barde gaulois	1	»
La Baronne de Blignac	1	»
La Baronne de San-Francisco	1	»
Les Barrières de Paris	1	»
Bataille de Dames	1	»
Bataille de Toulouse	»	20
Le Bataillon de la Moselle	»	40
Bâtons dans les roues	1	»
Les Bâtons flottants	2	»
Béatrix, drame	2	»
Le Beau Léandre	1	»
Un Beau Mariage	2	»
Le Beau Narcisse	1	»
Le Beau-Père	1	»
La Beauté du Diable, opéra-comique	1	»
La Beauté du Diable, pièce fantastique	»	40
Les Beaux Messieurs de Bois-Doré	2	»
Bébé actrice	1	»
La Bégueule	1	»
La Belle Gabrielle	2	»
Les Belles de nuit	1	»
Belphégor	»	60
Benvenuto Cellini	2	»
Le Berceau	1	»
Le Berger de Souvigny	»	60
La Bergère des Alpes	1	»
Berthe la Flamande	2	»
Bertram le Matelot	1	»
La Bête du bon Dieu	1	»
Betly	1	»
Les Bibelots du Diable	2	»
Le Bijou perdu	1	»
Les Bijoux indiscrets	1	»
Le Billet de faveur	1	»
Le Billet de Marguerite	1	»
Bloqué!	1	»
Boccace	1	»
La Boisière	1	»
La Boîte au lait	1	50
La Boîte d'argent	1	»
Bonaparte en Égypte	»	60
Bon gré mal gré	1	»
Bonheur sous la main	»	60
Le Bonhomme Jadis	1	»
Le Bonhomme Jacques	1	»
Le Bonhomme Lundi	»	40
Le Bonhomme Richard	1	»
La Bonne Aventure	1	»
Une Bonne pour tout faire	»	40
Bonne qu'on renvoie	1	»
La Bonne sanglante	»	60
Un Bon Ouvrier	»	60
Bonsoir, M. Pantalon	1	»
Bonsoir, voisin	1	»
La Bossue	»	60
La Botte secrète	»	60
Le Bougeoir	1	»
Boulangère a des écus	1	50
Bouquet de l'Infante	1	»
Bouquet de violettes	1	»
La Bouquetière	1	»
La Bouquetière des Innocents	1	»
Le Bourgeois de Paris	»	60
Les Bourgeois gentilshommes (épuisé)	5	»
Le Bourreau des crânes	»	60
La Bourse	2	»
La Bourse au village	1	»
Le Bras d'Ernest	1	»
Brelan de Maris	»	60
Brin-d'amour	»	60
Brouillés depuis Wagram	1	»
Brutus, lâche César	1	»
Bruyère	»	60
Le Bûcher de Sardanapale	»	60
La Butte des Moulins	1	»

C

	fr.	c.
Cabane de Montainard	»	20
Le Café de la rue de la Lune	1	»
Le Café du Roi	1	»
Le Caïd	1	»
Calas	»	20
Calino	1	»
Les Caméléons	»	60
Le Camp des Bourgeoises	1	»
Camp de Saint-Maur	»	60
Le Camp des révoltées	1	»
Canadar père et fils	1	»
Le Canotier	1	»
Le Capitaine Bitterlin	1	»
Le Capitaine Chérubin	1	»
Capitaine... de quoi ?	»	60
Le Capitaine Georgette	1	»
Carillonneur de Bruges	1	»
Le Carnaval des revues	»	50
Un Carnaval de Troupiers	1	»
Le Carnaval de Venise	1	»
Cartouche	2	»
La Case de l'oncle Tom	1	»
Catilina	1	»
Ceinture dorée	1	50
Le Célèbre Vergeot	1	»
Cendrillon, comédie	2	»
Ce que deviennent les Roses	1	»
Ce que Femme veut	1	»
Ce que Fille veut	1	»
Ce que vivent les Roses	»	60
Ce qui plaît aux femmes	2	»
Cerisette en prison	»	60
Ce scélérat de Poireau	1	»
Ces messieurs s'amusent	»	60
C'est la faute du mari	1	»
C'est l'amour, l'amour	1	»
C'est ma femme	»	40
C'était moi	»	40
Chacun pour soi	1	»
Les Chaises à porteurs	1	»
Chamarin le chasseur	1	»
Chambre à deux lits	1	»
La Chambre rouge	2	»
Chanson de Fortunio	1	»
La Chanteuse voilée	1	»
Le Chapeau de paille	»	60
Chapeau d'un horloger	1	»
Chapeau qui s'envole	»	60
Chapitre V	»	40
Chapitre de la toilette	»	60
Charge de cavalerie	»	60
Le Chariot d'enfant	2	»
Charles VI	1	»
Charlotte	1	»
Charlotte Corday, dr.	1	»
Charlotte Corday trag.	1	50
Les Charmeurs	1	»
La Chasse au lion	1	»
La Chasse au roman	1	50
Chasse aux corbeaux	1	»
Chasse aux écriteaux	1	»
Chasse aux Papillons	1	»
Chassé-Croisé	1	»
Un Château de cartes	1	»
Château de Coëtaven	»	60
Le Château de Grantier	1	»
Le Château de la Barbe-Bleue	1	»
Château des Ambrières	2	»
Château des sept tours	3	»
Le Château en Espagne	1	»
Château-Trompette	1	»
La Chatte blanche	»	60
La Chatte merveilleuse	1	»
Un Chef de Brigands	1	»
Le Chemin de Corinthe	1	50
Le Chemin de traverse	1	»
Le Chemin le plus long	1	50
Le Chêne et le Roseau	»	60
Le Chercheur d'esprit	»	60
Le Chevalier coquet	»	60
Le Chevalier de Maison-Rouge	1	»
Chevalier des Dames	»	40
Chevalier d'Essonne	»	60
Le Chevalier muscadin	1	»
Les Chevaliers du brouillard	2	»
Les Chevaliers du Pince-nez	1	»
Le Cheveu blanc	1	»
Cheveux de ma femme	1	»
La Chèvre de Ploërmel	»	60
Chez Bonvalet	»	40
Chez une petite Dame	1	»
Le Chien du Jardinier	1	»
Chiffonnier de Paris	1	»

	fr.	c.		fr.	c.		fr.	c.
Les Chiffonniers	»	60	La Coquette	1	»	Un Déménagement	1	»
Le Chirurgien-major	1	»	Coqsigrue poli par amour	1	»	Le Demi-monde	2	»
Chodruc-Duclos	1	»				Demoiselle d'honneur	1	»
Christine à Fontainebleau	»	40	Cora ou l'Esclavage	2	»	La Demoiselle de Nanterre	1	»
			La Corde sensible	»	60			
Christine, roi de Suède	1	50	Cordonnier de Crécy	1	»	Demoiselles de noce	»	60
Christophe Colomb	»	50	Cornemuse du diable	1	»	Le Démon du Foyer	1	50
La Chute de Séjan	5	»	Les Cosaques	2	»	Le Démon familier	1	»
Le Ciel et l'Enfer	»	60	Le Cotillon	1	»	Dent sous Louis XV	»	60
La Ciguë	1	50	Coucher d'une étoile	1	»	Le Dépit amoureux	»	60
Les Cinq cents Diables	»	60	Les Coulisses de la vie	»	60	Dernier Abencerrage	1	»
Les Cinq Minutes du Commandeur	1	»	Un Coup de lansquenet	1	»	Le Dernier Crispin	1	»
			Un Coup d'État	1	»	La Dernière Conquête	1	»
Les Cinq Sens	1	»	Un Coup de pinceau	»	60	La Dernière Idole	1	»
Cinquante-cinq francs de voiture	1	»	Le Coup de vent	»	60	Les Derniers Adieux	»	60
			Un Coup de vent	»	60	Derrière le Rideau	»	60
Clairette et Clairon	1	»	La Cour de Célimène	1	»	Les Désespérés	1	»
Clarinette qui passe	»	60	Le Courrier de Lyon	»	60	Le Dessous de cartes	1	»
Clarisse Harlowe	»	60	La Course à la veuve	»	60	Détournement de majeure	1	»
Claudine	»	60	Le Cousin du roi	1	»			
La Clef dans le dos	1	»	Crapauds immortels	1	»	Une Dette de Jeunesse	1	»
La Clef des champs	1	»	Le Crétin de la Montagne	1	»	Deucalion et Pyrrha	1	»
Clef sous le paillasson	1	»				Les Deux Aigles	1	»
Cléopâtre	2	»	Cri-cri	»	40	Les Deux Aveugles	»	40
La Closerie des genêts	1	»	La Crise	1	50	Les Deux Cadis	1	»
Le Clou aux maris	2	»	Une Crise de Ménage	»	60	Les Deux Célibats	1	»
Le Cœur et la Dot	2	»	Les Crochets du Père Martin	2	»	Deux Coqs vivaient en paix	»	60
Un Cœur qui parle	»	60						
Les Cœurs d'or	1	»	Croix à la cheminée	»	60	Les Deux Faubouriens	»	40
Le Coin du feu	»	60	La Croix de Marie	1	»	Deux Femmes en gage	»	60
Colette	1	»	Croque-Fer	»	20	Les Deux font la paire	1	»
Le Colin-Maillard	»	60	Croque-Poule	»	60	Les Deux Foscari	1	»
Le Collier	1	»	Le Cuisinier politique	1	»	Les Deux Frontins	1	»
Le Collier de perles	1	50	Le Curé de Pomponne	1	»	Deux Gouttes d'eau	1	»
Le Collier du Roi	»	60	Le Czar Cornélius	1	»	Deux Hommes	1	»
La Colombe	1	»	La Czarine	2	»	Deux Hommes du Nord	1	»
Colombine	1	»				Les Deux Inséparables	»	60
Le Colonel et le Soldat	»	20	**D**			Deux Lions râpés	»	60
La Comédie à la fenêtre	1	»				Les deux Maniaques	1	»
Les Comédiennes	1	»				Deux Merles blancs	1	»
Comédiens de salons	1	»	Le Dada de Paimbœuf	1	»	Deux Nez sur une piste	1	»
La Comète de Charles Quint	1	»	Dalila	1	50			
			Dalila et Samson	»	20	Les Deux Pêcheurs	»	40
Comme il vous plaira	1	50	La Dame aux Camélias	1	50	Deux profonds Scélérats	1	»
Comment la trouves-tu ?	1	»	La Dame aux jambes d'azur	»	60			
						Les Deux Rats	1	»
Comment les femmes se vengent	»	60	La Dame aux trois couleurs	1	»	Deux Sans-Culottes	»	60
						Les Deux Timides	1	»
Comment l'esprit vient aux garçons	1	»	La Dame de la Halle	1	»	Les Deux Veuves	1	»
			La Dame de Monsoreau	2	»	Diable au moulin	1	»
Comme on gâte sa vie	»	20	Dame pour voyager	1	»	Diable ou Femme	2	»
Compagnon de voyage	1	»	Les Dames de Cœur-Volant	1	»	Le Diable rose	1	»
Les Compagnons de la Marjolaine	»	60				Le Diamant	»	20
			Danaé et sa Bonne	1	»	Diane	2	»
Les Compagnons de la truelle	2	»	Daniel Lambert	2	»	Diane de Lys	2	»
			La Danse des Écus	1	»	Diane de Lys et de Camellias	»	60
Le Compère Guillery	2	»	Les Danses nationales de la France	1	»			
Le Comte de Lavernie	1	»				Diane de Valneuil	2	»
Le Comte de Sainte-Hélène	1	»	Dans la Rue	1	»	Un Dieu du jour	1	»
			Dans les vignes	»	60	Dieu merci, le couvert est mis !	»	60
Comtesse de Novailles	1	»	Dans un coucou	»	60			
Comtesse de Sennecey	2	»	Dans une baignoire	»	60	Un Dimanche à Robinson	»	40
La Considération	2	»	Le Décaméron	1	»			
Conspiration de Mallet	1	»	Les Déclassés	1	50	La Dinde truffée	1	»
Les Contes de la Reine de Navarre	1	»	Le Déjeuner de Fifine	»	40	Un Dîner et des égards	»	60
			Delphine Gerbet	2	»	Diplomatie du ménage	1	»
Les Contes d'Hoffmann	1	»	Déménagé d'hier	1	»	Une Distraction	1	»

	fr. c.		fr. c.		fr. c.
Diviser pour régner	1 »	Les Enfants terribles	1 »	Faust et Marguerite	1 »
Divorce sous l'Empire	1 »	Les Enfers de Paris	1 »	Le Fauteuil de mon Oncle	1 »
Le Docteur Chiendent	1 »	En manches de chemise	» 60	Les Faux Bonshommes	2 »
Un Docteur en herbe	1 »	Ennemis de la maison	1 50	Favori de la Favorite	1 »
Le Docteur Miracle	1 »	En pension chez son groom	1 »	La Fée	» »
Le Docteur Mirobolan	1 »	En province	1 »	La Fée Carabosse	1 »
Le Docteur noir	» 60	Entre hommes	» 60	Une Femme à la broche	» 60
Les Doigts de fée	2 »	L'Envers d'une Conspiration	2 »	Une Femme aux cornichons	1 »
Le Domestique de ma femme	1 »	Les Envies de madame Godard	3 »	Femme aux œufs d'or	» 1
Les Domestiques	1 »	Épernay! 20 minutes d'arrêt	» 60	Une Femme dans ma fontaine	» 60
Don Gaspard	1 »	L'Épouvantail	» 60	La Femme de Jephté	1 »
Don Gusman	1 »	Épreuve avant la lettre	» 60	La Femme doit suivre son Mari	1 »
Donnant, donnant	1 »	Éric ou le Fantôme	» 60	Une Femme qui déteste son mari	1 »
Donnez aux pauvres	1 »	Ernani, opéra	1 »	La Femme qui perd ses jarretières	» 60
Don Pèdre	1 »	Erreurs du bel âge	1 »	Femme qui se grise	3 »
Dos à dos	1 50	L'Escamoteur	2 »	La Femme qui trompe son mari	1 »
La Dot de Marie	1 »	L'Esclave du mari	1 »	Les Femmes fortes	2 »
La Dot de Mariette	» 60	Espagnolas et Boyardinos	» 60	Les Femmes peintes par elles-mêmes	1 »
Douairière de Brionne	1 »	L'Esprit familier	» 60	Femmes qui pleurent	1 »
Les Douze Travaux d'Hercule	1 »	L'Essai du Mariage	1 »	Les Femmes terribles	1 50
Les Dragons de Villars	2 »	L'Étincelle	1 »	Fénelon	» 20
Un Drame de famille	1 »	L'Étoile de Messine	1 »	Ferme de Primerose	2 »
Drelin! drelin!	» 60	L'Étoile du Nord	1 »	La Fête de Molière	1 »
Le Droit Chemin	2 »	Étouffeurs de Londres	1 »	La Fête des Loups	1 »
Les Droits de l'homme	1 50	Être présenté	1 »	Le Feu au Couvent	1 »
Un Drôle de pistolet	1 »	Les Étudiants	» 20	Feu à une vieille maison	1 »
Le Duc Job	2 »	Eulalie Pontois	» 20	Un Feu de cheminée	» 60
Les Ducs de Normandie	» 40	Éva, comédie	» 60	Le Feu de paille	» 60
Un Duel chez Ninon	2 »	Éva, drame	1 »	Un Feu de paille	1 »
Le Duel de mon Oncle	1 »	L'Éventail	1 »	Feue Brigitte	» 60
Duel du Commandeur	1 »	L'Exil de Machiavel	1 »	Le Feuilleton d'Aristophane	1 »
		Exposition des produits	1 »	Feu le capitaine Octave	1 »
E		Extrêmes se touchent	» 60	Feu Lionel	1 50
L'Eau qui dort	» 60			La Fiaminna	2 »
Les Eaux d'Ems	1 »	**F**		Un Fiancé à l'huile	» 60
Les Eaux de Spa	» 60	Faire son Chemin	1 50	Fiancée de Lamermoor	» 20
L'Échéance	1 »	Fais ce que dois	1 »	La Fiancée du Bengale	» 60
Échec et Mat	1 »	Fais la cour à ma femme	» 60	La Fiancée du bon coin	1 »
L'Échelle des Femmes	1 »	Un Fait-Paris	1 »	Les Fiancés d'Albano	2 »
L'Ecole des Agneaux	1 »	Un Fameux numéro	» 60	Fidelio	1 »
L'Ecole des Arthur	1 »	La Famille de l'Horloger	1 »	Fiesque	2 »
L'Ecole des Familles	1 »	La Famille de Puimené	2 »	Une Fièvre brûlante	2 »
L'Ecole des Journalistes	1 »	La Famille Lambert	1 »	Fil de la Vierge	1 »
L'Ecole des Ménages	1 50	La Famille Poisson	1 »	La Fileuse	1 »
L'Écureuil	1 »	Les Familles	1 50	La Fille des Chiffonniers	1 »
Edgar et sa Bonne	2 »	Fanchette	» 40	La Fille d'Égypte	1 »
Education d'un Serin	1 »	Fanfan la Tulipe	2 »	La Fille d'Eschyle	1 50
Les Effrontés	2 »	Les Fanfarons de vices	» 20	La Fille de trente ans	2 »
Élisabeth	1 »	Fantaisies de Mylord	1 »	La Fille du Diable	1 50
Éliza	» 60	Le Fantôme	» 60	La Fille du Millionnaire	2 »
Elle était à l'Ambigu	1 »	Le Farfadet	1 »	La Fille du Paysan	1 »
Elodie, opérette	» 40	Farruck le Maure	» 20	La Fille du roi René	» 60
Elodie, drame	» 20	La Fausse Adultère	1 »	La Fille du Tintoret	1 »
Elzéar Challamel	1 »	Les Fausses Bonnes Femmes	2 »	Les Filles de l'air	» 60
Embrassons-nous, Folleville	1 »	Faust, drame	1 »	Les Filles de marbre	1 50
En avant les Chinois	1 »	Faust, opéra	1 »	Les Filles des champs	» 60
En bonne Fortune	» 60				
Encore des Mousquetaires	» 60				
L'Enfant de l'amour	» 60				
Un Enfant de Paris	1 »				
Un Enfant du siècle	1 »				

BIBLIOTHÈQUE DRAMATIQUE. — FORMAT GRAND IN-18. 15

	fr. c.		fr. c.		fr. c.
Filleul de tout le monde	1 »	Le Gardien des scellés	1 »	Un Homme qui a perdu	
Filleule du chansonnier	» 40	Gastibelza	1 »	son do	1 »
Un Fils de famille	1 »	Le Gâteau des Reines.	2 »	L'Homme qui a vécu	1 »
Le Fils de la Belle au bois dormant	1	Les Geais	» 60	Homme sans ennemis.	» 60
		Gemma	1 »	Honneur de la maison.	2 »
Le Fils de la nuit.	2 »	Gendre de M. Poirier	2 »	L'Honneur et l'Argent	2 »
Le Fils de l'Aveugle.	» 20	Gendre de M. Pommier	1 »	Horace et Caroline.	1 »
Le Fils de M. Godard.	1 »	Les Gens de théâtre	» 40	Horace et Liline	» 60
Le Fils du Diable	1 »	Les Gens nerveux	1 50	Horace et Lydie	1 »
Le Financier et le Savetier	1 »	Gentil-Bernard	» 60	Les Horaces	» 60
		Le Gentilhomme de la Montagne	2 »	Hortense de Blengie.	» 60
Une Fin de Bail	1 »			Hortense de Cerny	1 »
La Fin du Roman	1 »	Le Gentilhomme pauvre	1 50	L'Hôtel de la Poste	» 40
Flamberge au vent	» 40			Hôtel de la Tête-Noire	1 »
Le Fléau des Mers	1 »	Georges et Marie	1 »	L'Hôtel de Nantes	1 »
Flore et Zéphire	1 »	Georgette	1 »	Houssard de Berchini	1 »
La Florentine	1 50	Germaine	2 »	Le Hussard persécuté	1 »
La Foi, l'Espérance et la Charité	1 »	Gibby la Cornemuse.	1 »		
		Gil-Blas	1 »		
Foire aux Idées, 1re part.	1 »	Gilles ravisseur	1 »	**I**	
— — 2e	1 »	Grandeur et Décadence de J. Prudhomme	1 »		
— — 3e	1 »			L'Idéal	1 »
— — 4e	1 »	Les Grands Vassaux	2 »	L'Idée fixe	» 60
Les Folies dramatiques	1 »	Graziella	» 60	L'Ile de Tohu-Bohu	3 »
La Folle du logis	2 »	Le Groom	1 »	Il faut que Jeunesse se paye	2 »
Les Fonds secrets	1 »	Un Gros mot	1 »		
La Forêt de Sénart	1 »	La Grosse Caisse	1 »	Il faut toujours en venir là!	1 50
La Forêt périlleuse	» 20	Le Guérillas	1 »		
Le Fou par amour	2 »	La Guerre d'Orient	» 60	Il le faut	1 »
Les Fourberies de Marinette	» 60	Le Guetteur de nuit.	1 »	Il y a 16 ans	» 20
		Les Gueux de Béranger	1 »	L'Impertinent	1 »
Fou-yo-po	1 »	Le Guide de l'Étrandans Paris	1 »	Incertitudes de Rosette	1 »
Les Frais de la guerre.	2 »			Les Infidèles	1 »
Francastor	» 60	Guillaume le débardeur	1 »	L'institutrice	2 »
France de Simiers	2 »	Guillery (épuisé)	5 »	Intrigue et amour	1 »
Françoise	2 »	Guillery le trompette.	1 »	Les Invalides du Mariage	2 »
Françoise de Rimini	» 20	Gusman le Brave	2 »		
Les Francs-Juges	» 20			Irène	» 60
Frère et Sœur	1 »			Isabelle de Castille	1 »
Frères à l'épreuve	» 20			Ivrogne et son enfant.	» 60
Frisetto	» 60				
La Fronde	1 »				
Frontin malade	1 »	**H**			
Le Fruit défendu, vaud.	1 »			**J**	
Le Fruit défendu, com.	1 50	L'Habit de Mylord	1 »		
Fualdès	2 »	L'Habit de noce	» 60	Jacques le Fataliste	» 60
Les Fugitifs	4 »	L'Habit vert	1 »	Jaguarita l'Indienne.	1 »
Les Funérailles de l'honneur	2 »	Habit, Veste et Culotte	1 »	Le Jardinier galant.	1 50
		Hamlet	» 40	Les Jarretières d'un Huissier	» 60
Le Furet des Salons.	1 »	Harry le Diable	1 »		
Furnished apartment.	1 »	Henriette Deschamps.	1 »	J'ai compromis ma femme	1 »
		Héraclite et Démocrite	1 50	J'ai mangé mon ami	» 40
		Herculanum	1 »	J'ai marié ma fille	1 »
		Un Hercule et une jolie Femme	1 »	J'ai perdu mon Eurydice	1 »
G					
		Héritage de ma Tante.	» 60	Jean Bart	» 40
Gabrielle	2 «	Héritage de M. Plumet	2 »	Jean le Postillon	» 60
Gaëtana	2 »	Héro et Léandre	1 »	Jeanne	1 »
Gaetan il Mammone	» 20	Heure de quiproquo	» 60	Jeanne d'Arc	2 »
Les Gaîtés champêtres	» 60	Histoire d'un Drapeau	1 »	Jeanne Mathieu	1 »
Galathée	1 »	L'Homme à la tuile	» 60	Jeanne qui pleure et Jeanne qui rit	2 »
La Gammina	» 60	L'Homme aux Pigeons.	» 60		
Le Gant et l'Éventail.	» 60	L'Homme de bien	1 50	Je croque ma tante	» 60
Garçon de chez Véry.	3 »	Un Homme de 50 ans.	1 »	Je dîne chez ma mère.	1 »
Gardée à vue	1 »	L'Homme de robe	» 60	J'invite le Colonel	1 »
Gardes du roi de Siam	» 60	Homme entre deux airs	» 60	Je marie Victoire	» 60

	fr. c.		fr. c.		fr. c.
Je ne mange pas de ce pain-là	1 »	Laurence	» 60	Une Maîtresse bien agréable	1 »
Jenny Bell	1 »	Les Lavandières de Santarem	1 »	La Maîtresse du Mari	1 »
Je reconnais ce militaire	» 60	Lavater	» 60	La Mal'aria	2 »
Jérôme le maçon	1 »	Léa	1 »	Le Mal de la peur	1 »
Jérusalem	1 »	Leçon de trompette	» 60	Les Malheurs heureux	1 »
Je suis mon Fils	1 »	Léonard le perruquier	» 60	Maman Sabouleux	» 60
Le Jeu de l'amour et de la cravache	» 60	Léonie	» 60	Mam'zelle Jeanne	» 40
Le Jeu de Sylvia	1 »	Le Lion empaillé	1 »	Mamzell' Rose	1 »
Jeune de cœur	1 »	Lion et le Moucheron	1 »	Ma Nièce et mon Ours	1 »
Le Jeune Homme au rifllard	» 60	Les Lionnes pauvres	2 »	Manon Lescaut, opéra	1 »
Un Jeune Homme en location	» 60	Le Livre noir	1 »	Manon Lescaut, drame	1 »
Jeune Homme pressé	2 »	La Loge de l'Opéra	» 60	Le Manteau de Joseph	» 60
Un Jeune Homme qui a tant souffert	1 »	La loi du Cœur	2 »	La Marâtre	1 »
Un Jeune Homme qui ne fait rien	1 50	Loin du pays	1 »	Le Marbrier	1 »
Le Jeune Père	1 »	Louise de Nanteuil	1 »	Marceau	3 »
Les Jeunes gens	1 50	Louise de Vaulcroix	» 60	Le Marchand de coco	2 »
La Jeunesse	2 »	Louise Miller, drame	2 »	Le Marchand de jouets	1 »
La Jeunesse de Gramont	1 »	Louise Miller, opéra	1 »	Le Marchand de lapins	» 60
La Jeunesse dorée	1 »	Louis XVI et Marie-Antoinette	1 »	Marchand malgré lui	2 »
Une Jeune Vieillesse	» 60	Loup dans la bergerie	» 60	Le Maréchal Ney	2 »
Les Jeux innocents	1 »	Lucie	1 »	Maréchaux de l'Empire	1 »
Je vous aime	1 »	Lucie Didier	1 »	Margot, opéra-com	1 »
Le Joaillier de Saint-James	1 »	Lucienne	» 60	Marguerite de Sainte-Gemme	2 »
Jobin et Nanette	2 »	Lucrèce, tragédie	1 50	Le Mariage à l'Arquebuse	1 »
Jocelin le garde-côte	1 »	Lully	» 60	Le Mariage au bâton	» 60
La Joconde	2 »	Les Lundis de madame	1 »	Le Mariage au miroir	1 »
Jocrisse, opéra-com	1 »	Le Luxe	2 »	Le Mariage d'Olympe	1 50
Jocrisse millionnaire	1 »	Le Lys dans la vallée	2 »	Un Mariage de Paris	1 50
La Joie de la maison	1 »			Mariage en trois étapes	1 »
La Joie fait peur	1 50	**M**		Le Mariage extravagant	1 »
Les Jolis Chasseurs	» 60			Mariage sous la régence	1 »
Le Jour de la blanchisseuse	» 60	Macbeth	1 »	Mariages d'aujourd'hui	2 »
Journal d'une grisette	1 »	Mac-Dowel	» 20	Un Mari à l'italienne	» 60
Journée d'Agrippa	1 50	Madame Absalon	1 »	Mari aux Champignons	
Les Jours gras de Madame	1 »	Madame André	1 »	Un Mari brûlé	» 60
Judith	1 »	Mme Bertrand et Mlle Raton	1 »	Un Mari dans du coton	1 »
Le Jugement de Dieu	» 40	Madame de Laverrière	1 »	Un Mari d'occasion	» 60
Jusqu'à minuit	» 60	Madame de Montarcy	2 »	Le Mari d'une Camargo	1 »
		Madame d'Ormessan, s'il-vous-plaît?	1 »	Mari d'une jolie femme	» 60
K		Madame de Tencin	5 »	La Mariée du Mardi gras	1 »
Karel Dujardin	1 »	Madame Diogène	» 60	Un Mari en 150	1 »
		Madame est aux eaux	» 60	Un Mari fidèle	1 »
L		Madame est de retour	» 60	Mari qui n'a rien à faire	2 »
		Madelon	1 »	Un Mari qui prend du ventre	1 »
Le Lac de Glenaston	1 »	Madelon Lescaut	1 »	Un Mari qui ronfle	1 »
Lady Tartufe	2 »	Mademoiselle de la Seiglière	2 »	Un Mari qui se dérange	1 »
Le Lait d'ânesse	2 »	Mademoiselle de Liron	» 60	Le Mari sans le savoir	1 »
Lalla-Roukh	1 »	Mademoiselle Navarre	» 60	Un Mari trop aimé	» 60
Lampions de la veille	1 »	Ma Femme est troublée	1 »	Les Maris me font toujours rire	1 »
Les Lanciers	2 »	La Maison du garde	» 60	Marianne, drame	1 »
Lanterne magique	1 »	La Maison du Pont Notre-Dame	2 »	Marianne, op.-com	1 »
Le Laquais d'Arthur	» 60	La Maison Saladier	1 »	Marie ou l'Inondation	» 60
Laure et Delphine	1 »	Maître Baton	» 40	Marie-Rose	1 »
		Maître Claude	1 »	Marie Simon	2 »
		Le Maître d'armes	1 »	Mariés sans l'être	» 60
		Le Maître d'école	2 »	La Marinette	1 »
		Maître Favilla	1 50	Les Marionnettes du docteur	1 »
		Maître Volfram	1 »	Le Marquis de Lauzun	1 »
				Marquise de Tulipano	1 »
				Les Marquises de la fourchette	1 »

	fr. c.		fr. c.		fr. c.
Marraines de l'an III.	1 »	Mon Ami du café Riche	1 »	Les Nèfles	» 60
Les Marrons d'Inde .	3 »	Mon Empereur	1 »	Le Neveu de Gulliver.	1 »
Les Marrons glacés.	1 »	Mon Isménie	1 »	Le Nez d'argent	» 60
Martha, *opéra*	» 40	Mon Nez, mes Yeux,		La Niaise	2 »
Marthe et Marie	1 »	ma Bouche	1 »	La Niaise de St-Flour	1 »
Martial casse-cœur.	1 »	M. Candaule	1 »	Nisus et Euryale	1 »
Martin et Bamboche.	2 »	M. Choufleuri restera		Noblesse oblige	2 »
Le Martyre du cœur.	2 »	chez lui	1 »	Noces de Bouchencœur	1 »
Ma Sœur Mirette	1 »	M. de Bonne étoile.	» 40	Les Noces de Figaro.	1 »
Le Masque de poix	1 »	Monsieur de la Palisse	» 60	Les Noces de Jeannette	1 »
Le Masque de velours	1 »	Le Monsieur de la rue		Les Noces vénitiennes	2 »
Le Massacre d'un In-		de Vendôme	1 »	Le Nœud gordien	1 »
nocent.	2 »	M. de Saint-Cadenas.	1 »	Nos Bons Petits Ca-	
Ma Tante dort	1 »	M. Deschalumeaux.	1 »	marades	1 »
Matelot et Fantassin.	» 40	Le Monsieur en ques-		Nos Intimes	2 »
Mathurin Régnier	1 »	tion	1 »	Notables de l'endroit.	1 »
Maurice	1 »	M. et Madame Denis.	1 »	Un Notaire à marier	» 60
Maurice de Saxe.	» 40	M. et Madame Rigolo.	1 »	Notre-Dame de Paris.	1 »
Mauvais cœur	1 »	M. Garat	1 50	Notre-Dame-des-Anges	1 »
Un Mauvais coucheur.	1 »	M. Jules	1 »	Notre fille est princesse	1 »
Le Mauvais Riche.	2 »	M'sieu Landry	1 »	La Nouvelle Hermione	» 60
Une Mèche éventée	1 »	M. le Sac et madame		La Nuit aux Gondoles.	1 »
Le Médecin de l'Ame.	1 »	la Braise	1 »	Nuit du 20 septembre	1 »
Le Médecin des enfants	1 »	Monsieur le Vicomte.	1 »	Une Nuit orageuse	» 60
Le Médecin malgré lui,		Monsieur mon fils.	1 »	Les Nuits blanches	» 60
opéra-comique	1 »	M. Prosper	» 60	Les Nuits de la Seine	1 »
Médée	1 50	Un Monsieur qui a		Les Nuits d'Espagne.	1 »
La Médée de Nanterre	1 »	brûlé une dame	1 »		
Les Méli-Mélo de la		Un Monsieur qui ne			
rue Meslay	1 »	veut pas s'en aller.	» 60		
Mémoires de Grammont	» 60	Un Monsieur qui prend			
Les Mémoires de Mimi		la mouche	1 »		
Bamboche	2 »	Un Monsieur qui suit			
Mémoires de Richelieu	» 60	les femmes	2 »		
Mémoires du Gymnase	» 60	Un Monsieur qu'on		Oberon	1 »
Mémorial de Sainte-		n'attendait pas	» 60	Obliger est si doux.	1 »
Hélène	1 »	Monsieur va au cercle	1 »	L'Odalisque	» 60
Un Ménage à trois	1 »	Monsieur votre fille.	1 »	Œdipe roi	2 »
La Mendiante	1 »	Montagne et Gironde.	2 »	Ohé ! les p'tits agneaux	2 »
Méphistophélès	» 40	Les Monténégrins	1 »	Oh ! la ! la ! qu'c'est	
Une Méprise	1 »	Montre perdue	1 »	bête tout ça	1 »
Méprises de l'Amour.	1 50	Le Morne au diable .	1 »	Un Oiseau de passage	1 »
La Mère du condamné.	» 40	La Mort de Strafford .	1 »	Les Oiseaux de la rue	1 »
Mère et Fille	» 60	La Mort du pêcheur .	» 60	Les Oiseaux de proie.	1 »
Les Mères repenties .	2 »	Mosquita la Sorcière.	1 »	O le meilleur des pères !	1 »
Un Merlan en bonne		Les Moulins à vent.	1 50	L'Ombre de Molière.	1 »
fortune	» 60	Un Mousquetaire gris	1 »	L'Omelette du Niagara	1 »
Les Mers polaires	» 40	Les Mousquetaires de		Une Ombrelle compro-	
Mesd. de Montenfriche	1 »	la Reine	2 »	mise	» 40
Les Métamorphoses de		Moutons de Panurge.	1 »	Un Oncle aux carottes	» 60
Jeannette	» 60	Le Muet	1 »	L'Oncle de Sicyone	1 »
Les Métamorphoses de		Le Muletier de Tolède	1 »	L'Oncle Tom	1 »
l'Amour	1 »	Le Mur mitoyen	1 50	On demande des culot-	
Le Meunier, son fils		Murdoch le bandit.	1 »	tières	1 »
et Jeanne	1 »	Un Mystère	1 »	On demande une Lec-	
Michel Cervantes	1 50	Le Mystère de la rue		trice	1 »
Midi à quatorze heures	2 »	Rousselet	1 »	On demande un gou-	
Militaire et Pension-		Les Mystères de l'été.	2 »	verneur	2 »
naire	» 60	Mystères de Londres.	1 »	Onze jours de siége.	1 50
Minette	1 »	Mystères du carnaval.	» 60	L'Opéra au camp	» 60
Une Minute trop tard	» 40			L'Opéra aux fenêtres	» 40
Miss Fauvette	1 »			L'Ordonnance du mé-	
Les Mitaines de l'ami				decin	» 60
Poulet	1 »			Orfa	1 »
Le Moineau de Lesbie	1 »			Orphée, *opéra*	» 50
La Moissonneuse	1 »	Le Nabab	1 »	Orphée aux enfers.	1 50
Molière enfant	1 »	Naufrage de la Pérouse	1 »	Orphelines de la charité	1 »

	fr. c.		fr. c.		fr. c.
Orphelines de St-Sever	» 40	Les Pavés sur le pavé.	1 »	Un Poète	2 »
Orphelines de Valneige	1 »	Paysan d'aujourd'hui.	1 »	Polyeucte.	» 60
Les Orphelins du pont Notre-Dame	1 »	Le Pays des amours	1 50	Pompée.	1 »
Otez votre fille, s'il vous plaît.	1 »	La Peau de chagrin..	1 »	Pomponnette et Pompadour.	» 60
Othello, *tragédie*	» 20	La Peau de mon oncle	1 »	Le Pont des soupirs.	1 »
Où passerai-je mes soirées ?	1 »	Une Pécheresse.	2 »	La Popularité.	» 60
L'Outrage.	» 50	Les Péchés de jeunesse	1 »	Les Porcherons.	1 »
L'Ouvrier	» 20	Pêcheurs de Catane.	1 »	Le Portefeuille rouge	» 40
		Peintres et Bourgeois	1 50	Portes et Placards.	» 60
		Le Pendu	1 »	Les Portiers.	1 »
P		La Pénélope à la mode de Caen.	1 »	Un Portrait de Maître	1 »
		La Pénélope normande	2 »	Les Portraits.	» 60
La Paix à tout prix	1 »	Penicaut le Somnambule.	» 60	Les Poseurs	2 »
Le Paletot brun	1 »	La Pension alimentaire	1 »	La Poudre aux yeux.	1 50
Palma.	2 »	La Perdrix rouge.	» 40	La Poudre-coton.	1 »
Le Pamphlet.	1 »	Pepito.	» 60	La Poularde de Caux.	1 »
Paniers de la comtesse	» 60	Le Père de Famille.	» 20	Une Poule	» 60
Pan ! pan ! c'est la fortune.	» 60	Le Père de ma Fille.	1 »	La Poule et ses Poussins.	1 50
Le Pantalon de Nessus	1 »	Père et Portier.	5 »	Poupée de Nuremberg	1 »
Panthère de Java (une)	1 »	Le Père Gaillard	1 »	Pour arriver.	» 60
Pantins de Violette.	» 40	Le Père Jean.	» 60	Le Pour et le Contre	1 »
La Papillonne.	2 »	Péril en la demeure.	1 50	Pouvoir d'une femme.	» 60
Les Papillottes de M. Benoît	1 »	Perle de la Canebière.	1 »	Précieuses ridicules.	» 60
Pâquerette.	» 60	La Perle noire.	2 »	Les Précieux	1 »
Les Pâques Véronaises	1 »	Perruque de mon oncle	» 60	Préciosa.	1 »
Parades de nos pères.	1 »	Un Petit bout d'oreille	1 »	Premier coup de canif	» 60
Le Paradis perdu.	» 40	Le Petit cousin.	» 40	Le Premier tableau du Poussin.	1 »
Parapluie de Damoclès	1 »	La Petite Cousine.	1 »	Les Premières armes de Blaveau.	1 »
Le Parapluie d'Oscar.	1 »	La Petite Fadette.	» 60	Premières coquetteries	1 »
Le Parasite.	1 »	La Petite Pologne.	2 »	Premiers beaux jours	» 60
Le Paratonnerre	1 »	Les Petites Mains	1 50	Les Premiers pas.	» 60
Le Pardon de Bretagne	1 »	Le Petit-Fils.	1 »	Préparation au baccalauréat	1 »
Le Pardon de Ploërmel	1 »	Un Petit-Fils de Mascarille.	2 »	Président de la basoche	» 60
Par droit de conquête.	1 50	Petit Pierre.	1 »	Les Prés St-Gervais.	1 50
Parents de ma Femme.	1 »	Les Petits Prodiges	» 60	Le Pressoir.	2 »
Les Parents terribles.	1 50	Phèdre.	» 60	Les Prétendants	» 60
Paris	2 »	Phénomène.	» 60	Prétendus de Gimblette	» 60
Paris crinoline	» 20	Philanthropie et Repentir.	» 60	Le Prêteur sur gages.	1 »
Paris hors Paris.	1 50	Philémon et Baucis.	1 »	Une Preuve d'amitié.	1 50
Les Parisiens	2 »	Philiberte.	1 50	Prière des Naufragés.	1 »
Paris quand il pleut.	1 »	Le Philosophe sans le savoir.	» 20	Princesse et Charbonnière.	» 60
Paris qui dort.	1 »	Philosophes de 20 ans	1 »	Princesses de la rampe	1 «
Paris qui pleure et Paris qui rit.	» 60	Pianella.	» 40	La Prise de Caprée.	» 60
Paris qui s'éveille.	2 »	Le Piano de Berthe.	1 »	La Prise de Pékin.	» 50
Paris s'amuse.	» 40	Piccolet.	1 »	Le Prisonnier de la Bastille.	» 50
Parure de Jules Denis.	1 »	Piccolino	2 »	Le Prisonnier vénitien.	» 20
Par les fenêtres.	» 60	Pied de fer.	1 »	Le Prix d'un bouquet	» 20
Le Parrain de Jeannette	» 60	Le Pied de mouton.	» 20	Projets de ma Tante.	1 »
Un Parvenu.	2 »	Le Piége au Mari.	» 60	La Promise.	1 »
Pas de fumée sans feu	» 60	Les Piéges dorés.	1 50	Le Prophète	1 »
Pas jaloux.	1 »	La Pierre de touche.	2 »	Propre à rien.	1 »
Le Passage Radziwill	1 »	Pierre Février.	» 60	Pst ! Pst !	» 60
Le Passé de Nichette	1 »	Pierre le Grand.	1 »	Psyché	1 »
Le Passé d'une Femme	1 50	Pierrot.	» 60	P'tit Fi, P'tit Mignon	1 »
Le Passé et l'Avenir.	» 60	La Pile de Volta.	1 »	Pulchrisca et Léontino	» 60
Une Passion du Midi.	1 »	Piquillo Alliaga.	1 »	Le Punch Grassot	1 »
Le Pasteur.		Les Pirates de la Savane.	» 50	Puritains d'Écosse.	1 »
Les Pattes de mouche	2 »	Une Pleine eau	» 40	Pythias et Damon.	1 »
Les Pauvres de Paris.	2 »	Pluie et le Beau temps	1 »		
Les Pauvres d'esprit..	1 50	Plus belle nuit de la vie	» 60		
Le Pavé	1 »	Plus on est de fous.	» 60		

Q

Titre	fr.	c.
Quand on attend sa belle	»	60
Quand on attend sa bourse	1	»
Quand on n'a pas le sou	1	»
Quand on veut tuer son chien	1	»
Quatre cent mille francs pour vingt sous	»	60
Les Quatre coins	»	60
Les Quatre fils Aymon	»	60
Les Quatre parties du monde	»	60
Que dira le Monde?	2	»
Quentin Durward	1	»
La Queue de la Poêle	1	»
La Queue du chien d'Alcibiade	1	»
Qui n'entend qu'une cloche	»	60
Qui perd gagne	1	»
Qui se dispute s'adore	1	»

R

Titre	fr.	c.
Rachel	»	60
Rage d'amour	1	»
Une Rage de souvenirs	»	60
La Raisin	1	50
Le Raisin malade	»	60
Les Rameneurs	1	»
Raymond, op. com.	1	»
Raymond ou l'Héritage du Naufragé	»	20
La Réclame	1	»
Les Recruteurs	1	»
Reculer pour mieux sauter	»	60
Rédemption	2	»
Réduction de Rédemption	1	»
Regardez, mais ne touchez pas	1	»
Le Règne des escargots	1	»
La Reine Argot	»	60
La Reine de Saba	1	»
La Reine Margot	1	»
La Reine Topaze	2	»
La Restauration des Stuarts	1	»
Le Retour du mari	2	»
La Revanche de Lauzun	1	50
Le Rêve de Mathéus	1	»
Le Réveil du Lion	1	»
Le Réveil du Mari	1	»
Rêves d'amour	1	50
Richard Cœur-de-Lion	»	20
Richard III	1	»
Rigoletto	1	»
Risette	1	»
Rita	1	»
Robert Bruce, opéra	1	»
Robert Bruce, drame	1	»
Robert, chef de brigands	»	20
Les Robes blanches	1	»
Le Rocher de Sisyphe	2	»
Rôdeurs du Pont Neuf	»	20
Roi boit (le)	»	40
Le Roi de Bohême et ses sept châteaux	2	»
Le Roi de cœur	1	»
Le Roi de la mode	»	60
Le Roi de Rome	»	60
Le Roi des halles	1	»
Le Roi des Iles	»	40
Un Roi malgré lui	1	»
Le Roman Comique	1	»
Le Roman de la Rose	1	»
Roman d'Elvire	1	»
Le Roman d'un jeune homme pauvre	2	»
Le Roman d'une heure	»	40
Rome	1	»
Roméo et Juliette opéra	1	»
Roméo et Juliette, trag.	»	20
Roméo et Marielle	»	60
Roquelaure	1	»
Rosalinde	1	»
La Rose de Bohême	»	60
La Rose de Saint-Flour	»	60
Rose et Marguerite	1	»
Rose et Rosette	»	20
Rosemonde	1	»
Rosette et nœud coulant	1	»
Le Rosier	1	»
Rothomago	»	50
Les Roués innocents	»	60
La Route de Brest	1	»
Les Routiers	1	»
Royal-Cravate	1	»

S

Titre	fr.	c.
Sabot de Marguerite	1	»
Sabots de la Marquise	1	»
Sacrifice d'Iphigénie	1	»
Le Sage et le Fou	1	50
Sainte-Claire	1	»
Les Saisons	1	»
Les Saisons vivantes	1	»
Salvator Rosa	1	»
Salvator Rosa, opéra-comique	1	»
Le Sang mêlé	1	50
Sans queue ni tête	2	»
Sapho, drame	1	»
Sapho, opéra	2	»
Le Savetier de la rue Quincampoix	2	»
Scapin	1	»
Schahabaham II	1	»
Schamyl	1	»
La Seconde Jeunesse	2	»
Le Second mari de ma femme	1	»
Secrétaire de Madame	1	»
Le Secret de l'oncle Vincent	1	»
Secret de ma Femme	1	»
Le Secret des Cavaliers	2	»
Le Secret du Rétameur	1	»
Selma	1	»
Sémiramis, opéra	1	»
La Sensitive	1	»
Les Sept Merveilles monde	3	»
Sept péchés capitaux	1	»
Séraphina	»	60
Le Sergent Frédéric	1	»
Le Serment d'Horace	1	»
La Servante du Roi	2	»
Si Dieu le veut	1	»
Si jamais je te pince!	1	»
Si j'étais riche	»	40
Si j'étais roi	2	»
Si ma femme le savait	1	»
Simon le voleur	1	»
Si Pontoise le savait	1	»
La Sirène de Paris	1	»
Six Demoiselles à marier	»	40
Une Soirée périlleuse	»	60
Le Soixante-Six	»	20
Le Songe d'une nuit d'avril	1	»
Songe d'une nuit d'été	1	»
Songe d'une nuit d'hiver	1	»
La Sonnette du diable	1	»
Le Sopha	1	»
La Sorcière	»	20
Le Sou de Lise	»	40
Soubrette de qualité	1	»
Un Soufflet anonyme	1	»
Soufflez-moi dans l'œil	»	60
Souper de la marquise	»	60
Le Sourd	2	»
Sourd comme un pot	»	60
Sous les pampres	»	60
Le Sous-préfet s'amuse	1	»
Sous un bec de gaz	»	60
Un Souvenir de Manin	1	»
Souvenirs de jeunesse	1	»
Souvenirs de voyage	1	»
Souvent femme varie	»	60
Souvent homme varie	1	50
Les Splendeurs de Fil-d'Acier	1	»
Sport et turf	2	»
La Statue	1	»
La Statuette d'un grand homme	1	»
Steeple-chase	»	60
Stella	1	»
Struensée	1	»
La Suédoise	»	20
Suffrage Ier	1	»

	fr. c.
Les suites d'un Bal manqué	1 »
Suites d'un premier lit	2 »
Sur la terre et sur l'onde	1 »
Le Sylphe	1 »
Un Système conjugal	» 60

T

	fr. c.
Les Tablettes de Bernis	1 »
Un Talisman	» 60
Tambour battant	1 »
La Tante Loriot	» 60
La Tante Vertuchoux	» 60
Tant va l'Autruche à l'eau	» 60
La Tasse cassée	1 »
Une Tasse de thé	1 »
La Taverne	1 50
La Taverne du diable	1 »
Télégraphe électrique	1 »
Une Tempête dans une baignoire	1 »
Une Tempête dans un verre d'eau	» 40
Le Temps perdu	1 50
La Tentation	2 »
La Terre promise	» 60
Le Terrible Savoyard	» 60
Le Testament de la pauvre femme	» 20
Testament d'un garçon	» 60
La Tête de Martin	» 60
Le Théâtre des Zouaves	2 »
Théodore	» 60
Thérèse	» 60
Thérèse, l'orpheline de Genève	» 20
La Tireuse de Cartes	2 »
Titus et Bérénice	1 »
To be or not to be	1 »
Toilettes tapageuses	1 »
Toinette et son Carabinier	1 »
Toinon la Serrurière	1 »
La Tonelli	1 »
Toquades de Borroméo	» 60
Torréador (le)	1 »
La Tour de Nesle à Pont-à-Mousson	1 »
Tout chemin mène à Rome	» 60
Toute seule	1 »
Tout vient à point	1 »
Traversin et couverture	» 60
Les Trembleurs	1 »
Le Trésor de Blaise	1 »
Le Trésor du pauvre	» 60
33,333 fr. 33 cent. par jour	1 »
Les Tribulations d'un grand homme	1 »

	fr. c.
Trilogie de Pantalons	1 »
Triolet	1 »
Trois amours de Tibulle	1 »
Trois Bourgeois de Compiègne	1 »
Les Trois coups de pied	» 60
Les Trois étages	1 »
Les Trois Fils de Cadet Roussel	1 »
Trois Rois, trois Dames	» 60
Les Trois Sultanes	1 »
Tromb al-ca-zar	» 40
Trop beau pour rien faire	1 »
Trottin de la modiste	3 »
Trottmann le touriste	» 40
Le Trou des lapins	» 60
Un Troupier qui suit les Bonnes	1 »
Le Trouvère	1 »
Les Trovatelles	1 »
Un Truc de mari	1 »
Le Tueur de lions	2 »
Turlututu chap. pointu	» 40
Tutelle en carnaval	» 60
Un Tyran domestique	1 »
Un Tyran en sabots	1 »

U

	fr. c.
Ulysse	2 »
Un et un font un	1 »
Une heure avant l'ouverture	1 »
Un Usurier de village	2 »
Un Ut de poitrine	1 »
L'Ut dièze	1 »

V

	fr. c.
Vacances de Pandolphe	2 »
Vacances du Docteur	2 »
Les Vaches landaises	1 »
Valentine Darmentière	1 »
Valentine d'Aubigny	1 »
Les Valets de Gascogne	» 60
Les Variétés de 1852	1 »
Vautrin et Frise-Poulet	1 »
La Vendetta (drame)	» 20
La Vengeance du mari	1 50
Les Vengeurs	1 »
Vent du soir	» 40
Vente au profit des pauvres	1 »
Vente d'un riche mobilier	1 »
La Vénus de Milo	1 50
Les Vêpres siciliennes	1 »
Verre de Champagne	» 60
Les Vertueux de Province	1 50
La Vestale	1 »
Vestris	» 60

	fr. c.
La Veuve au Camélia	1 »
Les Veuves turques	» 60
Vicaire de Wackefield	1 »
La Vicomtesse Lolotte	1 »
Les Victimes cloîtrées	» 20
La Vie de bohême	1 50
La Vie de café	1 »
Vie d'une comédienne	1 »
La Vie indépendante	1 50
Un Vieil innocent	» 60
Une Vieille lune	» 60
La Vieillesse de Richelieu	1 »
Le Vieux caporal	1 »
Vieux de la vieille roche	» 60
Un Vilain monsieur	» 60
Le Village	1 »
William Shakspeare	2 »
Vingt francs, s'il-vous-plaît	1 »
Le Vingt-quatre février	» 60
Le Vingt-quatre février, drame	» 60
Violetta (la Traviata)	1 »
Virgile marron	» 60
Les Vivacités du capitaine Tic	2 »
Les Viveurs de Paris	2 »
La Voie Sacrée	» 50
Le Voile de dentelle	1 »
Le Vol à la duchesse	1 »
Vol à la fleur d'orange	1 »
La Volière	1 »
Les Volontaires de 1814	2 »
Le Voyage de MM. Dunanan père et fils	1 »
Vous n'auriez pas vu ma femme	1 »
Le Voyage autour de ma femme	» 60
Le Voyage autour d'une jolie femme	» 60
Voyage autour d'une marmite	» 60
Le Voyage de M. Perrichon	2 »
Voyage du haut en bas	1 »
Un Voyage sentimental	3 »
Vrai club des femmes	1 »

Y

	fr. c.
Y a Meinherr	1 »
York, nom d'un chien	» 60
Yvonne et Loïc	» 60

Z

	fr. c.
Zamore et Giroflée	» 60
Zarine	» 60
Zerbine	» 40
Les Zouaves	» 40

PIÈCES DE THÉATRE

Imprimées à 2 colonnes, format grand in-8

	fr. c.		fr. c.		fr. c.
L'Académicien de Pontoise	» 60	La Femme de mon mari (*épuisée*)	2 »	Une Paire de Pères	» 60
L'Ame en peine	1 »	Femmes saucialistes	» 60	La Peau du Lion	2 »
Amour et Biberon	» 60	Fiançailles des Roses	» 60	La Perle du Brésil	1 »
L'Amour qué qu'c'est que ça	» 60	Les Frères Dondaîne	» 60	Les Peureux	» 60
L'Ane à Baptiste	» 60	Gendre aux épinards	» 60	Philippe II, roi d'Espagne	» 60
L'Ange de ma Tante	» 60	Le Gibier du roi	» 60	Pierrot posthume	» 60
Les Antipodes	» 60	Le Grand Palatin	» 60	Le Poisson d'avril	1 »
Bouillon d'onze heures	» 60	Grassot embêté par Ravel	» 60	La Poule aux Œufs d'or, *féerie*	» 50
Breda street	» 60	La Grisette de qualité	» 60	Le Premier chapitre	1 »
Le Cabaret du pot cassé	» 60	L'Habeas corpus	» 60	Les Prodigalités de Bernerette	» 60
Le Carillon de Saint-Mandé	» 60	Henriette et Charlot	» 60	Le Proscrit, *opéra*	1 »
La Carotte d'or	1 »	Histoire de voleurs	» 60	Il Pulcinella	» 60
Ce qui manque aux grisettes	» 60	L'Ile du prince Toutou	» 60	Recherche de l'inconnu	» 60
Charles VI, *opéra*	1 »	L'Impresario, *opérette*	» 60	La Reine de Chypre	1 »
Le Château de la Roche-Noire	» 60	L'Inconsolable	» 60	République des lettres	» 60
Le Chevalier de Beauvoisin	» 60	Le Jardin d'Hiver	1 »	Rivière dans le dos	» 60
Cinq Gaillards	» 60	Juanita	» 60	Rocambolle le Bateleur	1 »
La Cour de Biberack	» 60	Le Juif-Errant, *drame*	» 60	Le Roman comique	» 60
Croquignole	» 60	Libertins de Genève	1 »	La Saint-Silvestre	1 »
Le Dernier des Mohicans	» 60	Lorettes et Aristos	» 60	Les Sept Femmes de Barbe-Bleue	» 60
Les Deux Camusot	» 60	Mlle de Mérange	» 60	Le Serpent sous l'herbe	» 60
Don Juan, *opéra*	1 »	Mlle de Navailles	» 60	Service à Blanchard	» 60
Dragées du baptême	» 60	La Maîtresse anonyme	» 60	Si Jeunesse savait	2 »
Le Duel aux mauviettes	» 60	Malheureux comme un nègre	» 60	La Société du doigt dans l'œil	» 60
E. H.	» 60	Un Mari du bon temps	» 60	Suzanne de Croissy	» 60
En Carnaval	» 60	La Mariée de Poissy	» 60	Trois amours de Pompiers	» 60
L'Enfant de la maison	» 60	Un Mari perdu	» 60	Les Trois dondons	» 60
L'Enfant du carnaval (*épuisé*)	5 »	Le Marquis de Carabas	» 60	Le Trompette de M. le Prince	2 »
L'Étoile du berger	» 60	Mauricette	» 60	Le Val d'Andorre	1 »
L'Eunuque	» 60	La Mère de Famille	1 »	La Vendetta, *vaudev.*	» 60
Faubourgs de Paris	» 60	Mobilier de Bamboche	» 60	Les Vins de France	» 60
		M. de Maugaillard	» 60	V'là ce qui vient de paraître	» 60
		La Montagne qui accouche	» 60		
		La Nouvelle Clarisse Harlowe	» 60		
		On dira des bêtises	» 60		

RÉPERTOIRE DU THÉATRE ITALIEN
TRAGÉDIES, COMÉDIES, DRAMES
TEXTE EN REGARD DE LA TRADUCTION

	fr. c.		fr. c.
Camma, tragédie en 3 actes	2 50	Marie Stuart, tragédie en 5 actes.	1 50
Cassandre, tragédie en 5 actes.	1 50	Medée, tragédie en 3 actes.	2 50
Élisabeth, drame en 5 actes.	1 50	Mirrha, tragédie en 5 actes.	1 50
Étourderie et bon cœur, com. en 3 a.	1 »	Octavie, tragédie en 5 actes.	1 50
Fausses Confidences, com. en 3 a.	1 50	Oreste, tragédie en 5 actes.	1 50
L'Héritage d'un premier comique, comédie en 1 acte.	1 »	Otello, tragédie en 5 actes.	2 »
		Phèdre, tragédie en 5 actes	1 50
Les Jaloux heureux, com. en 1 acte	1 »	Pia de' Tolomei, drame en 5 actes.	1 50
Jeanne d'Arc, prologue en 1 acte.	1 »	Polyeucte, tragédie en 5 actes.	1 50
Judith, tragédie en 5 actes.	2 »	Rosemonde, tragédie en 5 actes.	1 50
La Locandiera, comédie en 3 actes.	1 50	Saül, tragédie en 5 actes.	1 50
Macbeth, tragédie en 4 actes.	1 50	Zaïre, tragédie en 5 actes	1 50

OPÉRAS
TEXTE EN REGARD DE LA TRADUCTION. — CHAQUE PIÈCE, 2 FR.

Anna Bolena	DONIZETTI.	Il Matrimonio segreto	CIMAROSA.
Il Barbiere di Siviglia.	ROSSINI.	Marino Faliero.	DONIZETTI.
Un Ballo in Maschera.	VERDI.	Martha.	FLOTOW.
Beatrix di Tenda.	DONIZETTI.	Maria di Rohan.	DONIZETTI.
Belizario.	DONIZETTI.	Mathilde di Shabran.	ROSSINI.
Il Bravo.	MERCADANTE.	Mosè.	ROSSINI.
I Capuletti et i Montecchi.	BELLINI	Nabucodonosor.	VERDI.
Cenerentola.	ROSSINI.	Norma.	BELLINI.
Due Foscari.	VERDI.	Les Nozze di Figaro.	MOZART.
Donna del Lago.	ROSSINI.	Otello.	ROSSINI.
Don Pasquale.	DONIZETTI.	Parisina.	DONIZETTI.
Don Giovanni.	MOZART.	Il Pirata.	BELLINI.
L'Elisir d'Amore.	DONIZETTI.	Polyuto.	DONIZETTI.
Ernani.	VERDI.	Il Proscrito	VERDI.
Fidelio.	BEETHOVEN.	I Puritani.	BELLINI.
Figlia del Regimento.	DONIZETTI.	Rigoletto.	VERDI.
La Gazza Ladra.	ROSSINI.	Roberto d'Evreux.	DONIZETTI.
Gemma di Vergy.	DONIZETTI.	Semiramis.	ROSSINI.
Giuramento.	MERCADANTE.	Sonnambula.	BELLINI.
L'Italiana in Algeri.	ROSSINI.	Tancredi.	ROSSINI.
Linda di Chamouni.	DONIZETTI.	La Traviata.	VERDI.
Luisa Miller.	VERDI.	Il Trovatore.	VERDI.
Lucrezia Borgia.	DONIZETTI.	Il Turco in Italia.	ROSSINI.
Lucia di Lammermoor.	DONIZETTI.	Vestale.	MERCADANTE.

THÉATRE CONTEMPORAIN ILLUSTRÉ

Format in-4°

CHOIX DE PIÈCES

Jouées sur tous les Théâtres de Paris

UNE LIVRAISON CONTIENT UNE PIÈCE	CHAQUE SÉRIE CONTIENT CINQ PIÈCES
Prix : 20 centimes	**Prix : 1 franc**

Chaque Pièce est publiée avec un dessin représentant une des principales scènes de l'ouvrage

1re SÉRIE
- Le Chiffonnier de Paris 20
- La Closerie des Genêts ..... } 40
- Une Tempête dans un verre d'eau
- Le Morne au diable ..... } 40
- Pas de fumée sans feu .....

5e SÉRIE
- Le Fils du Diable ..... } 40
- Une Dent sous Louis XV ....
- Le Livre noir ..... } 40
- Midi à quatorze heures .....
- La petite Fadette 20

2e SÉRIE
- Trois Rois, trois Dames 20
- La Marâtre ..... } 40
- La Ferme de Primerose .....
- Le Chevalier de Maison-Rouge ..... } 40
- L'Habit vert .....

6e SÉRIE
- La Vie de bohême ..... } 40
- Graziella .....
- La Chambre rouge ..... } 40
- Un Jeune Homme pressé .....
- Le Docteur noir 20

3e SÉRIE
- Benvenuto Cellini ..... } 40
- Frisette .....
- Clarisse Harlowe 20
- La Reine Margot ..... } 40
- Jean le Postillon .....

7e SÉRIE
- Martin et Bamboche ..... } 40
- Les deux Sans-Culottes .....
- Les Mystères du Carnaval ..... } 40
- Croque-Poule .....
- Une Fièvre brûlante 20

4e SÉRIE
- La Foi, l'Espérance et la Charité ..... } 40
- Le Bal du Prisonnier .....
- Hamlet ..... } 40
- Le Lait d'ânesse .....
- Hortense de Blengie 20

8e SÉRIE
- Bataille de Dames 20
- Le Pardon de Bretagne ..... } 40
- La Parjure de Jules Denis ....
- Paris qui dort ..... } 40
- Paris qui s'éveille .....

9ᵉ SÉRIE.	Intrigue et Amour............ Le Marchand de Jouets d'enfants	} 40	17ᵉ SÉRIE.	Les Coulisses de la vie....... Un Ami acharné.............	} 40
	Gentil-Bernard.............. Jobin et Nanette.............	} 40		La Bergère des Alpes......... Les Paniers de la Comtesse...	} 40
	Le Collier de Perles.........	20		Marie, ou l'Inondation	20
10ᵉ SÉRIE.	Le Bourgeois de Paris........	20	18ᵉ SÉRIE.	Les Sept Merveilles du Monde. Un Coup de vent.............	} 40
	Les Contes de la Reine de Navarre Qui se dispute s'adore	} 40		Notre-Dame-de-Paris......... Les Lundis de Madame.......	} 40
	Marie Simon................ La Famille Poisson..........	} 40		Le Château des Sept-Tours...	20
11ᵉ SÉRIE.	Les Nuits de la Seine......... Un Garçon de chez Véry......	} 40	19ᵉ SÉRIE.	Les Mystères de l'Été........ Voyage autour d'une Jolie femme	} 40
	Un Chapeau de paille d'Italie..	20		Le Cœur et la Dot........... Un Ut de Poitrine............	} 40
	L'Oncle Tom................ Chasse au Lion..............	} 40		Léonard le Perruquier........	20
12ᵉ SÉRIE.	Berthe la Flamande........... Un Mari qui n'a rien à faire...	} 40	20ᵉ SÉRIE.	Les Sept Merveilles du nº 7... L'Ami François..............	} 40
	Le Testament d'un garçon ...	20		Les Enfers de Paris.......... Atala.......................	} 40
	La Chatte blanche........... L'Amour pris aux cheveux...	} 40		La Nuit du Vendredi saint....	20
13ᵉ SÉRIE.	Le Courrier de Lyon.......... Par les Fenêtres.............	} 40	21ᵉ SÉRIE.	Les Cosaques............... Un Monsieur qu'on n'attendait pas	} 40
	Le Roi de Rome.............	20		Bertram le Matelot.......... L'Amour au daguerréotype...	} 40
	Un Monsieur qui suit les femmes La Terre promise............	} 40		Irène, ou le Magnétisme.....	20
14ᵉ SÉRIE.	Les Sept Péchés capitaux..... La Tête de Martin...........	} 40	22ᵉ SÉRIE.	Les Mystères de Londres..... Un Vilain Monsieur..........	} 40
	Le Sage et le Fou...........	20		Le Lys dans la Vallée........ Un Homme entre deux airs...	} 40
	Le Muet.................... Un Merlan en bonne fortune..	} 40		La Forêt de Sénart..........	20
15ᵉ SÉRIE.	Les Quatre fils Aymon....... Scapin.....................	} 40	23ᵉ SÉRIE.	Catilina.................... Théodore...................	} 40
	Un premier coup de canif....	20		Le Voile de Dentelle........ Les Fureurs de l'Amour......	} 40
	Roquelaure................. Une Nuit orageuse...........	} 40		Les Folies Dramatiques......	20
16ᵉ SÉRIE.	La Mendiante............... La Tonelli..................	} 40	24ᵉ SÉRIE.	La Comtesse de Sennecey.. Edgard et sa Bonne.........	} 40
	Les Avocats................	20		Manon Lescaut............. Les Mémoires de Richelieu...	} 40
	Marianne................... Une Charge de cavalerie....	} 40		L'Ane mort.................	20

THÉATRE CONTEMPORAIN ILLUSTRÉ. — FORMAT N-4°.

25ᵉ SÉRIE.	Le Vieux Caporal. .... Diane de Lys et de Camellias. .	} 40	33ᵉ SÉRIE.	Boccace. .... Cerisette en Prison.	} 40
	Grandeur et Décadence de Prud'homme. . Le Roman d'une heure.	} 40		La Vie d'une Comédienne. . Le Manteau de Joseph.	} 40
	Thérèse ou Ange et Diable. . .	20		Le Chevalier d'Essonne.	20
26ᵉ SÉRIE.	Paris qui pleure et Paris qui rit. Le Chêne et le Roseau.	} 40	34ᵉ SÉRIE.	Souvenirs de Jeunesse .... York.	} 40
	Les Orphelines de Valneige. . .	20		Georges et Marie.	
	Marie-Rose. .... L'Ambigu en habits neufs. ...	} 40		Sous un bec de gaz.	} 40
				Lully.	20
27ᵉ SÉRIE.	Un Notaire à marier. ..... Les Rendez-vous bourgeois. . .	} 40	35ᵉ SÉRIE.	Marthe et Marie. .... Une femme qui se grise.	} 40
	L'Honneur de la Maison. .... Le Laquais d'Arthur.	} 40		L'Enfant de l'Amour. ..... Le Sourd.	} 40
	L'Argent du Diable.	20		Le Marbrier.	20
28ᵉ SÉRIE.	La Boisière. .... Quand on attend sa bourse. . .	} 40	36ᵉ SÉRIE.	Les Oiseaux de proie ..... Un Feu de cheminée.	} 40
	Le Ciel et l'Enfer. ...... Souvent femme varie.	} 40		La Croix de Marie ...... Le Chevalier Coquet	} 40
	Gastibelza.	20		Hortense de Cerny.	20
29ᵉ SÉRIE.	Schamyl. .... Deux Femmes en gage.	} 40	37ᵉ SÉRIE.	Paris. .... La Mort du Pêcheur.	} 40
	L'Armée d'Orient. .... Où passerai-je mes soirées. . .	} 40		Un mauvais Riche. ...... Dans les vignes.	} 40
	Les Gaietés champêtres.	20		Le Gant et l'Éventail.	20
30ᵉ SÉRIE.	La Bonne Aventure. ...... En bonne Fortune.	} 40	38ᵉ SÉRIE.	L'Histoire de Paris. ...... Pygmalion.	} 40
	Gusman le Brave. ...... Ce que vivent les Roses.	} 40		Salvator Rosa. .... Un Cœur qui parle.	} 40
	Les Oiseaux de la Rue.	20		Le Vicaire de Wakefield. ...	20
31ᵉ SÉRIE.	Le Prophète. .... Un Vieux de la Vieille Roche. .	} 40	39ᵉ SÉRIE.	Les Grands Siècles. ...... Le Devin du Village	} 40
	Échec et Mat. .... Mam'zelle Rose.	} 40		Le Donjon de Vincennes. ... Les jolis Chasseurs.	} 40
	Louise de Nanteuil.	20		Le Théâtre des Zouaves	20
32ᵉ SÉRIE.	La Prière des Naufragés. .... Un Mari en 1850.	} 40	40ᵉ SÉRIE.	Le Moulin de l'Ermitage. ... Les Derniers Adieux.	} 40
	Les Cinq cents Diables. .... A Clichy.	} 40		Le Gâteau des Reines. .... Une pleine eau.	} 40
	Harry le Diable.	20		Aimer et Mourir.	20

41ᵉ SÉRIE.	Le Sergent Frédéric....... Le Duel de mon Oncle..... La Florentine........... Jeanne Mathieu.......... Le Songe d'une Nuit d'hiver..	} 40 } 40 20	49ᵉ SÉRIE.	Les Pauvres de Paris...... As-tu tué le mandarin...... Les Parisiens........... Schahabaham II. -........ Les Piéges dorés.........	} 40 } 40 20
42ᵉ SÉRIE.	Les Noces vénitiennes..... L'Héritage de ma Tante..... Le Sire de Framboisy...... L'Homme sans Ennemis.... La Chasse au Roman......	} 40 } 40 20	50ᵉ SÉRIE.	Jane Grey............ La Bonne d'enfant........ L'Avocat des Pauvres...... Les Suites d'un premier lit... Les Toilettes tapageuses....	} 40 } 40 20
43ᵉ SÉRIE.	Le Paradis perdu......... En manches de chemises.... Les Maréchaux de l'Empire... Élodie............... Lucie Didier............	} 40 } 40 20	51ᵉ SÉRIE.	Fualdès.............. Grassot embêté par Ravel.... Cléopâtre............. Les Toquades de Borromée... Rose et Marguerite........	} 40 } 40 20
44ᵉ SÉRIE.	Le Masque de poix....... L'Amour et son train...... Jocelyn le garde-côte...... Le Bal d'Auvergnats........ Le Démon du Foyer.......	} 40 } 40 20	52ᵉ SÉRIE.	Jérusalem............. Les Cheveux de ma femme... Le Secret des Cavaliers..... Six demoiselles à marier.... Le Docteur Chiendent......	} 40 } 40 20
45ᵉ SÉRIE.	Aventures de Mandrin..... Dieu merci, le couvert est mis. L'Oiseau de Paradis........ Si j'étais riche.......... Donnez aux pauvres.......	} 40 } 40 20	53ᵉ SÉRIE.	La Reine Topaze........ Le 66................ Le Château des Ambrières.. Roméo et Marielle........ L'Échelle de Femmes......	} 40 } 40 20
46ᵉ SÉRIE.	Le Médecin des enfants..... Médée............... Le Pendu............. Mon Isménie........... Les Fanfarons de vice.....	} 40 } 40 20	54ᵉ SÉRIE.	La Fausse adultère....... Madame est de retour...... La Route de Brest........ Le Secret de l'oncle Vincent.. Croquefer.............	} 40 } 40 20
47ᵉ SÉRIE.	Marie Stuart en Écosse..... Les Bâtons dans les roues... Le Fils de la Nuit......... Les 7 femmes de Barbe-Bleue.. Un Roi malgré lui........	} 40 } 40 20	55ᵉ SÉRIE.	Les Gens de théâtre....... Une Panthère de Java...... Les Orphelins du Pont-N.-Dame Le Jour de la Blanchisseuse... Le Fils de l'Aveugle.......	} 40 } 40 20
48ᵉ SÉRIE.	Les Zouaves........... Le Jour du Frotteur....... Le Marin de la garde...... Sous les Pampres......... Un Voyage sentimental.....	} 40 } 40 20	56ᵉ SÉRIE.	Les Orphelines de la Charité.. La Rose de Saint-Flour..... Le Pressoir............ Fais la cour à ma femme.... Les Princesses de la rampe...	} 40 } 40 20

THÉATRE CONTEMPORAIN ILLUSTRÉ. — FORMAT IN-4°. 27

57e SÉRIE.
- Jean de Paris. .... } 40
- Un Chapeau qui s'envole. ....
- La Belle Gabrielle. .... } 40
- Zerbine. ....
- Les Lanciers. 20

58e SÉRIE.
- L'Aveugle. .... } 40
- Un Fameux numéro. ......
- Les Deux Faubouriens. ..... } 40
- Polkette et Bamboche. .....
- Dalila et Samson. 20

59e SÉRIE.
- Michel Cervantes. .... } 40
- L'Opéra aux fenêtres. .....
- André Gérard. .... } 40
- Une Soubrette de qualité. ...
- Le Prix d'un bouquet. 20

60e SÉRIE.
- Les Chevaliers du Brouillard. . } 40
- Le Roi boit. ....
- L'Amiral de l'Escadre bleue. . } 40
- Vent du soir. ....
- Roméo et Juliette. 20

61e SÉRIE.
- Si j'étais roi. .... } 40
- La Dame aux jambes d'azur. .
- Les Viveurs de Paris. ..... } 40
- La Médée de Nanterre. .....
- On demande un Gouverneur. .. 20

62e SÉRIE.
- La Bête du bon Dieu. ..... } 40
- Le Mobilier de Bamboche. ...
- William Shakspeare. ...... } 40
- Une Minute trop tard. .....
- Le Télégraphe électrique. ... 20

63e SÉRIE.
- La Filleule du Chansonnier. .. } 40
- Penicault le Somnambule. ...
- La Comtesse de Novailles. ... } 40
- Avez-vous besoin d'Argent. ..
- Un Enfant du siècle. 20

64e SÉRIE.
- Les Filles de Marbre. ..... } 40
- Le Cousin du roi. ....
- Les Noces de Bouchencœur. .. } 40
- Les Jeux innocents. ......
- L'Anneau de fer. 20

65e SÉRIE.
- L'Étoile du Nord. .... } 40
- Brin d'Amour. ....
- Le Fou par amour. .... } 40
- L'Amour mouillé. ....
- La Comète de Charles-Quint. . 20

66e SÉRIE.
- Le Carnaval de Venise. .... } 40
- Le Compagnon de voyage. ...
- Le Fléau des Mers. .... } 40
- Un Gendre en surveillance. ..
- Le Fils de la Folle. 20

67e SÉRIE.
- Ohé ! les P'tits Agneaux ! ... } 40
- Un Oncle aux Carottes. ....
- Le Rocher de Sysiphe. ..... } 40
- Les Gardes du roi de Siam. ..
- Paris Crinoline. 20

68e SÉRIE.
- Les Vaches landaises. ..... } 40
- Une mèche éventée. ....
- Les Fiancés d'Albano. ..... } 40
- Le Parapluie d'Oscar. .....
- Diane de Chivry. 20

69e SÉRIE.
- Le Bonhomme Lundi ...... } 40
- L'Éducation d'un serin. ....
- Le Pays des Amours. ...... } 40
- La Gammina. ....
- Le Dessous des Cartes. 20

70e SÉRIE.
- Les Orphelines de St-Sever. . } 40
- Monsieur et Madame Rigolo. .
- Les Talismans. .... } 40
- Les Désespérés. ....
- Les Étudiants 20

71e SÉRIE.
- La Perle du Brésil. .... } 40
- La Raisin. ....
- Le Martyre du Cœur. ..... } 40
- Méphistophélès. ....
- Thérèse, l'Orpheline de Genève 20

72e SÉRIE.
- Germaine. .... } 40
- La Botte secrète. ....
- Margot. .... } 40
- Maître bâton. ....
- Eulalie Pontois. 20

LIBRAIRIE DE MICHEL LÉVY FRÈRES.

73ᵉ SÉRIE.
- Les Mers polaires.......... } 40
- Mam'zelle Jeanne..........
- Les Fugitifs............ } 40
- Le Feu à une vieille maison..
- Il y a seize ans.......... 20

74ᵉ SÉRIE.
- La Nuit du 20 septembre.... } 40
- Les Petits prodiges........
- Les Crochets du Père Martin.. } 40
- Une Croix à la Cheminée....
- La Bataille de Toulouse..... 20

75ᵉ SÉRIE.
- Jaguarita............ } 40
- Le Déjeuner de Fifine.....
- Jean Bart............. } 40
- Un Banquier comme il y en a peu
- La Famille Lambert........ 20

76ᵉ SÉRIE.
- Les Mousquetaires de la Reine. } 40
- Les Précieux..........
- Il faut que Jeunesse se paye.. } 40
- J'ai mangé mon Ami......
- Rose et Rosette.......... 20

77ᵉ SÉRIE.
- Les Bibelots du Diable..... } 40
- Les deux Pêcheurs........
- Les Mères repenties........ } 40
- Vente d'un riche mobilier....
- Les Amants de Murcie..... 20

78ᵉ SÉRIE.
- Les Pantins de Violette..... } 40
- Eva................
- Turlututu............. } 40
- Je croque ma tante........
- Calas............... 20

79ᵉ SÉRIE.
- Tromb-al-Cazar.......... } 40
- Si ma femme le savait......
- Le Château de Grantier..... } 40
- Préciosa.............
- Les Rôdeurs du Pont neuf... 20

80ᵉ SÉRIE.
- Les Enfants terribles....... } 40
- Une Maîtresse bien agréable..
- La Case de l'Oncle Tom..... } 40
- Les Cinq sens...........
- Lisbeth, la Fille du laboureur. 20

81ᵉ SÉRIE.
- Le Punch Grassot......... } 40
- Monsieur mon Fils........
- Frère et Sœur.......... } 40
- Drelin! Drelin!.........
- L'Ouvrier............. 20

82ᵉ SÉRIE.
- Le Clou aux maris........ } 40
- La Marquise de Tulipano....
- Les Dragons de Villars..... } 40
- Une Crise de ménage......
- Le Testament de la pauvre femme 20

83ᵉ SÉRIE.
- Le Comte de Lavernie...... } 40
- Cinq Gaillards..........
- Martha.............. } 40
- Plus on est de Fous.......
- Le Père de famille........ 20

84ᵉ SÉRIE.
- Faust............... } 40
- La Perdrix rouge.........
- Maurice de Saxe......... } 40
- Anguille sous roche.......
- La Vendetta, *drame*...... 20

85ᵉ SÉRIE.
- Les Ducs de Normandie.... } 40
- Une Tempête dans une baignoire
- Cartouche............ } 40
- Un Mari d'occasion.......
- La Fiancée de Lamermoor... 20

86ᵉ SÉRIE.
- La Demoiselle d'honneur.... } 40
- Entre hommes..........
- L'École des Ménages....... } 40
- Le Tueur de lions........
- Othello.............. 20

87ᵉ SÉRIE.
- Paris s'amuse.......... } 40
- Soufflez-moi dans l'œil.....
- Le Maître d'École........ } 40
- L'inventeur de la poudre....
- Gaëtan il Mammone....... 20

88ᵉ SÉRIE.
- Les grands Vassaux....... } 40
- Le diner de Madelon.......
- Fanfan la Tulipe......... } 40
- Pan, Pan, c'est la fortune...
- Le Diamant........... 20

THÉATRE CONTEMPORAIN ILLUSTRÉ. — FORMAT IN-4°.

89e SÉRIE.	Cri-Cri...............	40
	Orfa.................	
	Quentin Durward........	40
	La Chèvre de Ploërmel.....	
	Robert, chef de Brigands....	20

90e SÉRIE.	Les Compagnons de la Truelle.	40
	Le Capitaine Chérubin.....	
	Le Songe d'une nuit d'Été....	40
	Un fait-Paris...........	
	Les Frères à l'Épreuve......	20

91e SÉRIE.	Les Chevaliers du Pince-Nez.	40
	Le Dada de Paimbœuf......	
	Le Savetier de la rue Quincampoix	40
	Tant va l'Autruche à l'eau....	
	Le Philosophe sans le savoir..	20

92e SÉRIE.	Le Roi de Bohême........	40
	Aimons notre prochain.....	
	Le prêteur sur Gages......	40
	Le Chevalier des Dames....	
	Adolphe et Sophie........	20

93e SÉRIE.	Le Marchand de Coco......	40
	Une Dame pour voyager....	
	Sans Queue ni Tête.......	40
	Une Bonne pour tout faire...	
	Mac-Dowel............	20

94e SÉRIE.	Les deux Aveugles........	40
	Les trois Sultanes........	
	L'Histoire d'un Drapeau....	40
	L'Ut Dièze............	
	Farruck le Maure........	20

95e SÉRIE.	Christine à Fontainebleau...	40
	Orphée..............	
	Le Roi des Iles.........	40
	Le Paletot brun.........	
	Élodie, drame..........	20

96e SÉRIE.	La Lanterne magique......	40
	L'Avocat du Diable.......	
	La Fille du Tintoret......	40
	Madame est aux Eaux.....	
	Le Colonel et le Soldat.....	20

97e SÉRIE.	Fanchette.............	40
	Otez votre Fille S. V. P.....	
	Compère Guillery........	40
	M. de Bonne-Étoile.......	
	Françoise de Rimini......	20

98e SÉRIE.	Le Jugement de Dieu......	40
	L'Omelette du Niagara.....	
	Le Sang mêlé...........	40
	Le Petit Cousin.........	
	Le Pied de Mouton.......	20

99e SÉRIE.	La Mère du Condamné.....	4
	C'était Moi...........	
	Charles VI............	40
	Je marie Victoire........	
	La Suédoise...........	20

100e SÉRIE.	La Sirène de Paris........	40
	Le Sou de Lise..........	
	Fils de la Belle au Bois-Dorm.	40
	La Veuve au Camélia......	
	La Bague de fer.........	20

101e SÉRIE.	Pianella..............	40
	L'École des Arthur.......	
	Une Pécheresse.........	40
	Feu le Capitaine Octave....	
	La Forêt périlleuse.......	20

102e SÉRIE.	La fête des Loups........	40
	L'esprit familier.........	
	Un Drame de famille.....	40
	L'Hôtel de la Poste.......	
	Comme on gâte sa vie.....	20

103e SÉRIE.	La Petite Pologne........	40
	Les Comédiens de salons....	
	Le Gentilhomme de la montagne	40
	Les Baisers............	
	Les Victimes cloîtrées.....	20

104e SÉRIE.	Mémoires de Mimi Bamboche.	40
	Gemma..............	
	Les Bourgeois gentishommes.	40
	Matelot et Fantassin......	
	Richard Cœur-de-Lion.....	20

105ᵉ SÉRIE.	La Maison du Pont Notre-Dame Les Trois amours de Tibulle	40	111ᵉ SÉRIE.	Les Maris me font toujours rire. Une Ombrelle compromise.	40

105ᵉ SÉRIE.
- La Maison du Pont Notre-Dame } 40
- Les Trois amours de Tibulle
- Le Bijou perdu .... } 40
- Voyage autour de ma Marmite.
- Les Francs-Juges. 20

106ᵉ SÉRIE.
- Jeanne qui pleure et Jeanne qui rit } 40
- Le Rosier....................
- L'Escamoteur .... } 40
- C'est ma femme ....
- Le Prisonnier vénitien 20

107ᵉ SÉRIE.
- Trottmann le Touriste........ } 40
- Un Mari à l'Italienne........
- La Fille des Chiffonniers.... } 40
- Sourd comme un pot..........
- Raymond ou l'Héritage du naufragé............... 20

108ᵉ SÉRIE.
- Gil Blas, *opéra-comique*.... } 40
- Je suis mon fils ....
- Le Chemin le plus long...... } 40
- Un Mari aux champignons ...
- La Sorcière 20

109ᵉ SÉRIE.
- La Bague de Thérèse......... } 40
- L'Amour du Trapèze ....
- Marguerite de Sainte-Gemme. } 40
- L'Habit de Mylord ....
- La Cabane de Montainard.... 20

110ᵉ SÉRIE.
- Le Bataillon de la Moselle ... } 40
- Le Jeune Homme au riflard...
- Oh ! la la ! qu'c'est bête tout ça ! } 40
- Après deux ans ....
- Palmérin.............. 20

111ᵉ SÉRIE.
- Les Maris me font toujours rire. } 40
- Une Ombrelle compromise....
- Les Gueux de Béranger...... } 40
- La Grotte d'azur...........
- Fénélon ou les Religieuses de Cambrai............... 20

112ᵉ SÉRIE.
- Alceste, *opéra* .... } 40
- La Balançoire..............
- L'Ange de Minuit........... } 40
- Les Deux Cadis.............

113ᵉ SÉRIE.
- Un Dimanche à Robinson...... } 40
- Monsieur votre Fille.......
- La Beauté du Diable........ } 40
- Rosemonde.................
- Les Étouffeurs de Londres ... 20

114ᵉ SÉRIE.
- Les deux Veuves............ } 40
- Alexandre chez Apelles.....
- Les Danses nationales...... } 40
- Le Gardien des scellés .....

115ᵉ SÉRIE.
- Cora ou l'Esclavage........ } 40
- Si Pontoise le savait !.....
- Les Visitandines........... } 40
- Clairette et Clairon.......

116ᵉ SÉRIE.
- Les Aventuriers............ } 40
- Flamberge au vent ....
- La Bouquetière des Innocents. } 40
- Arrêtons les frais.........

PIÈCES DE THÉATRE A TRÈS-PEU DE PERSONNAGES

FACILES A JOUER EN SOCIÉTÉ

Drames, — Comédies en vers et en prose, — Comédies-Vaudevilles, — Vaudevilles, Opérettes

---

Pièces à un seul personnage

	Hom.	Fem.
L'Amour pris aux cheveux, *vaud.*	1	»
Une dent sous Louis XV, *vaud.*	1	»
Le Mobilier de Bamboche, *vaud.*	1	»

	Hom.	Fem.
Théodore, désespoirs nocturnes d'un célibataire, *vaudeville*	1	»

Pièces à deux personnages

	Hom.	Fem.
L'Amour du Trapèze	1	1
Après deux ans, *comédie*	1	1
Après le Bal	1	1
En bonne fortune, *comédie*	1	1
Une bonne pour tout faire, *vaud.*	1	1
Bonsoir, voisin, *opérette*	1	1
La Botte secrète, *folie-vaud.*	2	»
Chambre à deux lits, *pochade*	2	»
Un coup de vent, *vaudeville*	1	1
Croque-Poule, *vaudeville*	1	1
Dans les vignes, *opérette*	2	»
Les Deux Aveugles, *opérette*	2	»
Les Deux Pêcheurs, *opérette*	2.	»
En manches de chemise, *vaud.*	1	1
Entre hommes, *pochade*	»	2
L'Héritage de ma Tante, *com.-v.*	1	1
Jobin et Nanette, *com.-vaud.*	1	1

	Hom.	Fem.
Jour de la Blanchisseuse, *vaud.*	1	1
Une minute trop tard, *opérette*	2	2
Un Mari dans du coton	1	1
Monsieur va au Cercle, *scènes de la vie conjugale*	1	1
Un Monsieur qu'on n'attendait pas, *scène comique, en vers*	1	1
La mort du pêcheur, *com.-vaud.*	1	1
Où passerai-je mes soirées? *c.-v.*	1	1
Polkette et Bamboche, *vaudev.*	1	1
Roméo et Mariette, *vaudev.*	1	1
Soufflez-moi dans l'œil, *pochade*	2	»
Sous un bec de gaz, *scènes de la vie nocturne*	1	1
Tempête dans un verre d'eau, *c.*	1	1
Les Travestissements, *opérette*	1	1
Un vilain Monsieur, *vaud.*	2	»

Pièces à trois personnages

	Hom.	Fem.
A Clichy, *opérette*	3	»
L'Amant de Cœur, *vaudeville*	2	1
L'Ami François, *com.-vaudev.*	2	1
Après l'orage vient le beau temps, *vaudeville-proverbe*	2	1
L'Avocat du Diable, *comédie*	2	1
Les Baisers, *comédie*	1	2
La baronne de Blignac, *c.-vaud.*	2	1
Le beau Léandre, *comédie, vers*	2	1
Le Berceau, *comédie en vers*	1	2
Bloqué, *vaudeville*	2	1
Le Bonhomme Jadis, *comédie*	2	1
Brin d'Amour, *opérette*	2	1

	Hom.	Fem.
Brutus, lâche César! *com.-vaud.*	2	1
Le Café du Roi, *opéra-comique*	1	2
Le Collier, *comédie*	2	1
Ce que vivent les roses, *c.-vaud.*	1	2
Cerisette en prison, *com.-vaud.*	1	2
Ce scélérat de Poireau, *c.-vaud.*	2	1
La Chasse au Lion, *comédie*	2	1
Un Cheveu Blanc, *comédie*	1	2
Chez une petite dame, *comédie*	1	2
Un cœur qui parle, *com.-vaud.*	1	2
Colombine, *comédie-vaudeville*	2	1
Dans la rue, *pochade*	3	»
Le Déjeuner de Fifine, *vaudev.*	2	1

Pièces à trois personnages (Suite)

	Hom.	Fem.
La Dernière Idole, *drame*	2	1
Deux profonds scélérats, *pochade*	3	»
La Dinde truffée, *vaudeville*	2	1
Diviser pour régner, *com.-vaud.*	2	1
Dos à dos, *comédie*	1	2
La Dot de Mariette, *vaud.*	2	1
Le duel aux mauviettes, *vaud.*	2	1
L'Écureuil, *comédie*	2	1
Un fameux numéro, *com.-vaud.*	2	1
Fanchette, *opérette*	2	1
Femme qui perd ses jarretières, *v.*	2	1
La Fiole de Cagliostro, *vaudev.*	2	1
Francastor, *opérette*	2	1
Le Furet des Salons, *com.-vaud.*	1	2
Grassot embêté par Ravel, *vaud.*	3	»
Héro et Léandre, *drame, vers.*	1	2
Horace et Liline, *vaudeville*	2	1
Horace et Lydie, *comédie, vers.*	1	2
Henriette et Charlot, *vaudeville*	2	1
Un jeune homme pressé, *vaud.*	3	»
Les Jolis Chasseurs, *opérette*	3	»
Karel Dujardin, *comédie, en vers*	2	1
Mme Bertrand et Mlle Raton, *c.-v.*	1	2
Maître Bâton, *opérette*	2	1
La Maîtresse du Mari, *comédie*	2	1
Mamz'ell' Rose, *vaudeville*	1	2
Un Mari brûlé, *vaudeville*	1	2
Un Mari en 150, *com.-vaud.*	1	2
Une Méprise, *comédie*	1	2
Nisus et Euryale, *com.-vaud.*	2	1
On demande une Lectrice	2	1
Le Paletot brun, *comédie*	1	2
Pan! pan! c'est la fortune, *c.-v.*	2	1
Pas de fumée sans feu, *c.-prov.*	1	2
Pianella, *opérette*	2	1
Le Piano de Berthe, *comédie*	1	2
Une pleine eau, *opérette*	2	1
Le pour et le contre, *comédie*	1	2
Qui se dispute s'adore, *proverbe*	1	2
Reculer pour mieux sauter, *prov.*	2	1
Risette, *comédie*	1	2
Le Roman d'une heure, *comédie*	1	2
Rose de Saint-Flour, *opérette*	2	1
Le 66, *opérette*	2	1
Les Sept Femmes de Barbe-Bleue, *légende burlesque*	2	1
Tambour battant, *com.-vaud.*	1	2
Toinette et son Carabinier, *opéret.*	2	1
Toute seule, *comédie*	2	1
Un Tyran domestique, *vaudev.*	2	1
La Veuve aux Camélias, *scènes de la vie parisienne*	1	2
Zamore et Giroflée, *vaudev.*	2	1
Zerbine, *opérette*	2	1

Pièces à quatre personnages

	Hom.	Fem.
L'Amant aux Bouquets, *comédie*	2	2
Aimons notre prochain, *comédie*	2	2
Ah! vous dirai-je maman! *com.*	1	3
A la campagne, *comédie*	2	2
Amour et Caprice, *comédie*	2	2
L'Amour mouillé, *comédie*	2	2
L'Avoué par amour, *com., vers.*	3	1
Le Boudoir, *comédie*	2	2
Brouillés depuis Wagram, *c.-v.*	3	1
Bûcher de Sardanapale, *c.-vaud.*	2	2
Le Camp des Bourgeoises, *com.*	2	2
Le Capitaine Georgette, *vaudev.*	2	2
Ce que fille veut, *com., en vers*	2	2
Une Charge de cavalerie, *c.-v.*	2	2
La Clé sous le paillasson, *c.-v.*	2	2
La Comédie à la fenêtre, *com.*	2	2
Coqsigrue poli par amour, *vaud.*	3	1
La Corde sensible, *vaudeville*	2	2
Un coup de pinceau, *com.-vaud.*	2	2
Une Croix à la Cheminée, *c.-v.*	2	2
Dame aux 3 couleurs, *c.-v., 3 act.*	3	1
Danaé et sa Bonne, *opérette*	2	2
Dans un coucou, *com.-vaud.*	2	2
Le Décaméron, *comédie, en vers.*	2	2
Déménagé d'hier, *vaudeville*	2	2
Deux Femmes en gage, *folie*	2	2
Les deux font la paire, *c.-vaud.*	3	1
Les deux Veuves, *comédie*	2	2
Le Diable rose, *opérette*	1	3
Le Dîner de Madelon, *com-vaud.*	3	1
La Diplomatie du Ménage, *com.*	2	2
Une Distraction, *comédie*	2	2
Le Docteur Miracle, *opérette*	2	2
La Dot de Marie, *com.-vaud.*	2	2
Drelin! drelin! *com.-vaud.*	3	1
Un Duel chez Ninon, *c.-vaud.*	2	2
L'Éducation d'un Serin, *vaud.*	2	2
Embrassons-nous Folleville, *c.-v.*	3	1
L'Esclave du mari, *comédie*	2	2
L'Essai du mariage, *comédie*	2	2
L'Esprit familier, *vaud.*	2	2
Élodie, *opérette*	3	1
Etre présenté, *comédie*	2	2
L'Épouvantail, *com.-vaud.*	2	2
Les Extrêmes se touchent, *c.-v.*	2	2
Un Fait Paris, *c.-vaud.*	3	1
La Famille Lambert, *dr. en 2 act.*	2	2
Le Fauteuil de mon oncle, *opéret.*	3	1
Le Favori de la Favorite, *c. 2 act.*	3	1
La Femme aux œufs d'or, *c.-v.*	3	1
Une Femme qui se grise, *vaud.*	3	1
La Ferme de Primerose, *com.-v.*	3	1
Feu le capitaine Octave, *comédie*	2	2
Feue Brigitte, *vaud.*	2	2
Le Financier et le Savetier, *opér.*	3	1
Flamberge au vent, *opérette*	2	2
Frisette, *comédie-vaudeville*	2	2
Fureurs de l'Amour, *trag. burl.*	3	1
Un Garçon de chez Véry, *com.-v.*	3	1
Le Guetteur de Nuit, *opérette*	2	2

Pièces à quatre personnages (Suite)

	Hom.	Fem.
L'Habit vert, *comédie*	3	1
Un Homme de 50 ans, *com.-vaud.*	3	1
L'Hôtel de la Poste, *opérette*	2	2
L'Imprésario, *opérette*	2	2
L'Inconsolable, *com.-vaud.*, 3 a.	2	2
J'ai Perdu mon Eurydice, *com.-v.*	2	2
Jaloux du passé, *comédie*	2	2
Jeanne Mathieu, *comédie-vaud.*	3	1
Jusqu'à Minuit, *comédie-vaud.*	2	2
Le Laquais d'Arthur, *comédie*	2	2
Lucie, *comédie*	3	1
Madame Diogène, *com.-vaud.*	2	2
Madame d'Ormessan, s'il-v.-plaît? *comédie*	1	3
Mademoiselle Navarre, *com.*	3	1
Mam'zelle Jeanne, *opérette*	3	1
Le Manteau de Joseph, *vaud.*	3	1
Un Mari du Bon Temps, *coméd.*	3	1
Un Mari fidèle, *comédie-vaud.*	2	2
Un Mari qui ronfle, *vaud.*	3	1
Le Mari sans le savoir, *opérette*	3	1
Marquises de la Fourchette, *c.-v.*	4	»
Les Mémoires de Richelieu, *c.-v.*	2	2
Méphistophélès, *saynette music.*	4	»
Militaire et Pensionnaire, *vaud.*	2	2
Mon Ami du café Riche, *c.-vaud.*	2	2
Monsieur de Bonne Étoile, *opéret.*	3	1
M'sieu Landry, *opérette*	2	2
Un Oncle aux Carottes, *com.v.-*	3	1
L'Opéra aux Fenêtres, *opérette*	2	1
Une Paire de Pères, *vaud.*	3	1
Les Pantins de Violette, *opér.*	2	2
Le Passé de Nichette, *comédie*	3	1
Une Passion du Midi, *vaudev.*	3	1
Le Pavé, *comédie*	2	2
La Perdrix rouge, *com.-vaudev.*	2	2
Le Père de ma Fille, *comédie*	2	2
Les Philosophes de 20 ans, *com.*	2	2
Le Piége au Mari	2	

	Hom.	Fem.
Pierrot Posthume, *arlequinade, en vers*	3	1
La Pluie et le Beau temps, *com.*	2	2
La plus belle nuit de la vie, *c.-v.*	2	2
La Poularde de Caux, *opérette*	3	1
Les Prétendus de Gimblette, *c.-v.*	3	1
Les Projets de ma Tante, *coméd.*	1	3
Pulchriska et Léontino, *pochade*	3	1
Quand on attend sa bourse, *com.*	2	2
Quand on veut tuer son chien, *c.-v.*	2	2
Qui perd gagne, *comédie*	1	3
Le Roi boit, *opérette*	2	2
Rosalinde, *comédie*	2	2
Le Sabot de Marguerite, *com.-v.*	2	2
Le Secret de ma Femme, *vaud.*	2	2
Le Serment d'Horace, *comédie*	2	2
Six Demoiselles à marier, *opér.*	2	2
La Société du Doigt dans l'Œil, *comédie-vaud.*	3	1
Le Sou de Lise, *opérette*	2	2
Une Soubrette de qualité, *c.-v.*	3	1
Sourd comme un pot, *com.-vaud.*	2	2
La Tante Vertuchoux, *vaud.*	2	2
Une Tasse de Thé, *comédie*	3	1
Testament d'un garçon, *d.*, 3 act.	2	2
Titus et Bérénice, *opérette*	3	1
Tout vient à point à qui sait attendre, *proverbe*	3	1
Trilogie de Pantalons, *comédie vaudeville*	3	1
Trois Amours de Tibulle, *comédie en vers*	1	3
Tromb-al-Cazar, *opérette*	3	1
Trop Beau pour rien faire, *com.*	2	2
Un Truc de Mari, *vaudeville*	3	1
Vent du Soir, *opérette*	3	1
Un Viel Innocent, *com.-vaud.*	2	2
Une Vieille Lune, *vaud.*	2	2
Le Village, *comédie*	2	2

Pièces à cinq personnages

	Hom.	Fem.
Les Absences de Monsieur, *c.-v.*	3	2
L'Académicien de Pontoise *c -v.* 2 a.	3	2
Affaire de la rue de Lourcine, *c.-v.*	4	1
Allons battre ma Femme, *com.-v.*	3	2
Un Ami acharné, *coméd-vaudev.*	4	1
L'Ami des Femmes, *comédie*	3	2
Amour et Biberon, *com.-vaud.*	3	2
L'Amour dans Ophicléide, *vaud.*	2	3
L'Amour à l'Aveuglette, *com.-v.*	3	2
L'Amour en Sabots, *com.-vaud.*	3	2
Les Amoureux de la Bourgeoise, *v.*	3	2
Les Amoureux sans le savoir, *comédie, en vers*	3	2
L'Ange de ma Tante, *com.-vaud.*	3	2
Les Anges du Foyer, *com.-vaud.*	3	2
Arrêtons les Frais, *com.-vaud.*	4	1
Au coin du Feu, *comédie*	3	2
Aux Eaux de Spa, *comédie*	3	2
Les Aventures d'un Paletot, *c.-v.*	3	2

	Hom.	Fem.
Le Bal du Prisonnier, *com.-vaud.*	4	1
Banquier comme il y en a peu. *c.-v.*	2	3
Bataille de Dames, *com.*, 3 actes.	3	2
Le Beau Narcisse, *coméd.-vaud.*	2	3
Le Beau-Père, *comédie*	4	1
Bébé actrice, *parodie*	3	2
Le Bonheur sous la main, *vaud.*	3	2
Un Bon Ouvrier, *comédie-vaud.*	3	2
Un Bouillon d'onze heures. *vaud.*	3	2
Canadar Père et Fils, *vaud.*	3	2
La Carotte d'or, *comédie-vaud.*	2	3
C'est ma Femme, *vaud.*	3	2
C'était Moi, *opérette*	2	3
Un Chapeau qui s'envole, *com.-v.*	3	2
La Chasse aux Papillons, *com.-v.*	3	2
Chassé-Croisé, *comédie*	2	3
Château en Espagne, *c., en vers*	3	2
Le Chêne et le Roseau, *com.-v.*	3	2
Le Chevalier Coquet, *com.-vaud.*	2	3

Pièces à cinq personnages (Suite)

	Hom.	Fem.
Le Chevalier des Dames, coméd.	3	2
Les Cheveux de ma Femme, c.-v.	3	2
La Ciguë, com., 2 actes, en vers.	4	1
Une Clarinette qui passe, com.-v.	3	2
Le Clou aux Maris, com.-vaud.	3	2
Le Coin du Feu, comédie-vaud.	4	1
Le Collier de Perles, com., 3 act.	4	1
La Coquette, comédie.	4	1
Comment l'Esprit vient aux Garçons, comédie-vaudeville.	2	3
Le Compagnon de Voyage, c.-v.	3	2
La Crise, comédie en 4 actes.	3	2
Une Crise de Ménage, com.-v.	3	2
Croquefer, opérette.	4	1
Une Dame pour voyager, com.-v.	3	2
La Dernière Conquête, c., 2 act.	2	3
Les Derniers Adieux, comédie.	2	3
Le Dernier Crispin, com., vers.	3	2
Deux Gouttes d'eau, comédie.	3	2
Deux nez sur une piste, c.-vaud.	4	1
Les deux Timides, com.-vaud.	3	2
Diable ou Femme, com., en vers.	3	2
E. ! H. ! comédie-vaudeville.	3	2
L'Eau qui dort, vaud.-proverbe.	3	2
Elle était à l'Ambigu !	3	2
Épernay ! 20 minutes d'arrêt ! vau.	4	1
Une Épreuve avant la lettre, c.-v.	2	3
Les Erreurs du bel âge, com.-v.	3	2
Fais la cour à ma femme, coméd.	2	3
La Famille Poisson, com., vers.	4	1
La Fée, comédie.	4	1
La Femme qui trompe son mari, comédie-vaudeville	3	2
Les Femmes peintes par elles-mêmes, comédie.	3	2
Les Femmes qui pleurent, com.	3	2
Le Feu au Couvent, comédie.	4	1
Le Feu à une vieille maison, c.-v.	3	2
Un Feu de Cheminée, vaud.	3	2
Un Fiancé à l'huile, vaud.	3	2
Une Fin de Bail, opérette.	3	2
Frontin Malade, com., en vers.	4	1
Une Heure de Quiproquo, vaud.	2	3
L'Homme de Bien, c., 3 act., vers.	3	2
Un Homme qui a perdu son do, comédie-vaud.	3	2
J'ai mangé mon Ami, com.-vaud.	3	2
J'ai marié ma Fille, com.-vaud.	3	2
Les Jarretières d'un Huissier, v.	3	2
Je Dîne chez ma mère, comédie.	3	2
Je ne mange pas de ce Pain-là, comédie-vaud.	3	2
Le Jeu de l'Amour et de la Cravache, vaud.	3	2
Le Jeu de Sylvia, comédie.	3	2
Un Jeune Homme en location, comédie-vaud.	3	2
Un jeune homme qui ne fait rien, comédie, en vers.	3	2
Je vous aime comédie.	3	2
J'invite le Colonel, comédie.	4	1
Jocrisse millionnaire, com.-vaud.	2	3
Le Lait d'ânesse, coméd.-vaud.	3	2
Une Leçon de trompette, ccm.-v.	2	3
Madame Absalon, vaudeville.	3	2
Les Malheurs heureux, com.-v.	4	1
La Maison du Garde, com.-v.	3	2
Le Maître d'armes, coméd.-vaud.	4	1
Le Marchand de Jouets d'enfants, comédie-vaudeville.	3	2
Un Mari d'occasion, comédie.	3	2
Un Mari qui n'a rien à faire, c.-v.	2	3
Le Mariage au Bâton, com.-v.	4	1
Le Mariage au Miroir, com.-v.	3	2
Mariés sans l'être, com.-vaud.	3	2
La Marinette, comédie, en vers.	4	1
La Marquise de Prétintaille, c.-v.	3	2
La Marquise de Tulipano, com.-vaud., 2 act.	3	2
Le Massacre d'un Innocent, c.-v.	4	1
Matelot et Fantassin, com.-vaud.	4	1
Un Mauvais Coucheur, coméd.-v.	3	2
Un Merlan en bonne fortune, c.-v.	3	2
Métamorphoses de l'Amour, com.	3	2
Métamorphoses de Jeannette, v.	2	3
Mon Isménie, coméd-vaud.	2	3
Le Monsieur de la rue Vendôme, com.-vaud.	3	2
Le Monsier en question, coméd.	3	2
Monsieur et Mᵐᵉ Rigolo, com.-v.	3	2
Montre perdue, Récompense honnête, comédie-vaud.	4	1
Le Mystère de la rue Rousselet, c.	4	1
O le meilleur des Pères, vaudev.	3	2
Une Panthère de Java, pochade.	3	2
Par les Fenêtres, comédie-vaud.	3	2
Le Parasite, coméd., en vers.	2	3
Un Paysan d'aujourd'hui, coméd.	4	1
Pénicaut le Somnambule, com.-v.	3	2
Un petit bout d'oreille, comédie.	1	4
Le Petit Cousin, opérette.	4	1
Le Petit-Fils, comédie-vaudev.	3	2
Philanthropie et Repentir, vaud.	2	3
Piccolet, comédie-vaud.	3	2
Les Piéges dorés, com., en 3 act.	3	2
Plus on est de Fous..., com.-v.	3	2
Portes et Placards, com.-vaud.	3	2
Un Portrait de maître, comédie.	2	3
Le Premier Chapitre, comédie.	5	2
Le Premier Tableau du Poussin, drame, en 2 actes, en vers.	3	2
Prodigalités de Bernerette, c.-v.	4	1
Propre à Rien, vaud.	3	2
Pst ! Pst ! comédie-vaud.	3	2
P'tit Fils, P'tit Mignon, vaud.	2	3
Les quatre Coins, comédie.	3	2
Raymond, drame, en 3 actes.	4	1
Le Roi de Cœur, comédie-vaud.	3	2
Une Rage de Souvenirs, vaud.	3	2
Rosette et Nœud coulant, vaud.	3	2
Les Roués innocents, com.vaud.	2	3
Le Secrétaire de Madame, c.-v.	4	1
Un Service à Blanchard, vaud.	3	2
Si Jeunesse savait, com.-vaud.	3	2
Songe d'une Nuit d'hiver, com., 2 a.	3	2
Un Soufflet anonyme, comédie.	3	2

Pièces à cinq personnages (Suite)

	Hom.	Fem.
Le Souper de la Marquise, com.	3	2
Sous les Pampres, com., en vers.	4	1
Souvenirs de Voyage, comédie.	4	1
Souvent Femme varie, comédie.	2	3
Steeple-Chase, comédie.	3	2
La Tasse cassée, comédie-vaud.	3	2
Le Temps perdu, coméd. en 3 act., en vers.	3	2
Les Toquades de Boromée, vaud.	3	2
Le Trésor de Blaise, comédie.	3	2
Trois Amours de Pompiers, vaud.	4	1
Les Trois Dondon, vaud.	3	2
Un Tyran en Sabots, comédie.	3	2
Vente au profit des Pauvres, com.	3	2
Un Verre de Champagne, comédie-vaud.	3	2
Virgile Marron, vaud.	4	1

Pièces à six personnages

	Hom.	Fem.
L'Affaire Chaumontel, com.-v.	3	3
Alexandre chez Apelles, com.-v.	4	2
Un Amant qui ne veut pas être heureux, vaudeville.	3	3
Amour et Bergerie, com., en vers.	3	3
L'Amour et son train, c., en vers.	2	4
L'Amour au daguerréotype, vaud.	4	2
L'Amour en Ville, vaudeville.	4	2
André Chénier, drame, en 3 act., en vers.	5	1
Un Ange au rez-de-chaussée, v.	3	3
L'argent du Diable, com., 3 actes.	4	2
L'Argent fait peur, com.-vaud.	4	2
La Balançoire, comédie-vaud.	4	2
Un Bal sur la tête, vaudeville.	4	2
La Boîte d'argent, comédie.	4	2
Bon gré mal gré, comédie.	2	4
Brelan de Maris, comédie-vaud.	4	2
Le Canotier, comédie-vaud.	3	3
Le Capitaine Bitterlin, comédie.	4	2
Capitaine... de quoi ? vaudeville.	4	2
Le Carillon de Saint-Mandé, c.-v.	4	2
Le Célèbre Vergeot, vaudeville.	5	1
C'est la faute du mari, c., en vers.	4	2
Chamarin le chasseur, com.-vaud.	3	3
Le Chapitre de la Toilette, c.-v.	4	2
Le Chevalier de Beauvoisin, comédie-vaud., 2 actes.	3	3
Claudine, étude pastorale.	4	2
Le Collier du Roi, com., en vers.	4	2
Comment la trouves-tu ? comédie.	5	1
Comment les femmes se vengent, comédie, 2 actes, en vers.	3	3
La Cornemuse du Diable, v., 2 a.	2	4
Le Coucher d'une Étoile, comédie.	4	2
Le Cousin du Roi, com., en vers.	4	2
Dans une Baignoire, com.-vaud.	4	2
Le Dépit amoureux, comédie, 2 actes, en vers.	4	2
Le Dernier des Mohicans, vaud.	3	3
Détournement de majeure, vaud.	4	2
Les Deux Camusot, com.-vaud.	4	2
Les deux Frontins, com., en vers.	5	1
Deux Hommes du Nord, com.-v.	3	3
Les deux Maniaques, com.-vaud.	3	3
Deux Rats, com.-vaud., 2 actes.	3	3
Les Deux Sans-Culottes, pochade.	3	3
Dieu merci ! le Couvert est mis, c.	3	3
Un Dieu du Jour, com.-vaud. 2 a.	4	2
Un Dîner et des égards, com.-v.	3	3
Le Domestique de ma Femme, v.	4	2
Donnant, donnant, com., 2 actes.	4	2
Les Droits de l'Homme, com. 2 a.	3	3
En Carnaval, pochade.	3	3
Edgard et sa Bonne, com-vaud.	3	3
La Famille de l'Horloger, c.-vaud.	3	3
Les Fantaisies de Mylord, com.-v.	4	2
Le Fantôme, comédie-vaudev.	3	3
Une Femme dans ma fontaine, comédie-vaudeville.	5	1
Femme doit suivre son Mari, com.	3	3
Le Feu de Paille, com.-vaudev.	2	4
Les Filles des Champs, vaud.	4	2
La Fille du roi Réné, drame-v.	4	2
La Fin du Roman, comédie.	5	1
Les Frères Dondaine, vaud.	4	2
Le Fruit défendu, vaudeville.	2	4
Le Gant et l'Eventail, com., 3. act.	3	3
Le Gardien des scellés, com.-v.	4	2
Les Geais, com., 2 actes, en vers.	4	2
Un Gendre aux Epinards, scènes de la Vie bourgeoise.	3	3
L'Habeas Corpus, ou Liberté Libertas, comédie-vaud.	4	2
Héraclite et Démocrite, comédie, en 2 actes, en vers.	4	2
Un Hercule et une jolie Femme, v.	4	2
Une Histoire de Voleurs, com.-v.	3	3
Un Homme entre deux airs, c.-v.	4	2
L'Homme à la Tuile, comédie.	4	2
L'Homme sans ennemis, com.-v.	4	2
Il faut toujours en venir là, com.	4	2
Les Incertitudes de Rosette, c.-v.	5	1
Les Infidèles, comédie.	4	2
Jean le Postillon, vaudeville.	2	4
Je marie Victoire, vaudeville.	4	2
Je reconnais ce militaire, vaud.	3	3
Je suis mon fils, coméd.-vaudev.	4	2
Le Jeune Homme au rifiard, c.-v.	4	2
Le Jeune Père, com.-v., 2 actes.	4	2
La Jeunesse de Gramont, coméd.	4	2
La Joie fait peur, comédie.	3	3
Juanita, com.-vaud., 2 actes.	4	2
Le Loup dans la Bergerie, com.	4	2
Lucie Didier, drame, en 3 actes.	4	2
Madame est de retour, com.-v.	3	3
Mademoiselle de Liron, com.-v.	4	2
Ma Femme est troublée, comédie.	3	3

Pièces à six personnages (Suite)

	Hom.	Fem.
Une Maîtresse anonyme. c., 2 act.	3	3
Maîtresse bien agréable, com.-v.	4	2
Le Mal de la Peur, coméd.-vaud.	4	2
Maman Sabouleux, com.-vaud.	4	2
Le Mari aux Champignons, vaud.	3	3
Un Mari qui prend du ventre, com.-vaud.	4	2
Un Mari trop aimé, com.-vaud.	3	3
Un Mariage de Paris, comédie 3 actes.	3	3
Le Mariage en Trois Etapes, comédie, en 3 actes.	4	2
Un Mari à l'italienne, comédie.	3	3
Les Marrons glacés, comédie.	4	2
Une Mèche éventée, com.-vaud.	3	3
Médée, tragédie, 3 actes.	2	4
Les Méli-Mélo de la rue Meslay, comédie-vaud.	3	3
La Mère de Famille, com.-vaud.	3	3
Le Meunier, son Fils et Jeanne. v.	4	2
Midi à quatorze heures, com.-v.	4	2
Minette, comédie-vaud.	4	2
Monsieur Choufleuri, opérette.	3	1
Monsieur de Maugaillard, com.	4	2
M. de Saint-Cadenas, comédie.	4	2
Monsieur Deschalumeaux, opéret.	4	2
Monsieur votre Fille, com.-vaud.	3	3
Un Monsieur qui a brûlé une dame, comédie-vaudeville.	6	»
Un Monsieur qui prend la mouche, com.-vaud.	5	1
Le Mur mitoyen, c. 2 a., en vers.	4	2
La Niaise de Saint-Flour, com.-v.	4	2
La Nouvelle Hermione, comédie.	4	2
Obliger est si doux!..., comédie.	3	3
L'Oncle de Sicyone, com., en vers	4	2
L'Ordonnance du Médecin, c.-v.	3	3
Pas Jaloux, comédie-vaud.	3	3
La Papillonne, comédie en 3 act.	4	2
Le Paratonnerre, com.-v., 2 act.	3	3
Parure de Jules Denis, c., 2 act.	3	3
Péril en la Demeure, com., 2 act.	3	3
La Perruque de mon oncle, vaud.	4	2
La Petite Cousine, com.-vaud.	3	3
Phénomène ou l'Enfant du Mystère, vaud.	4	2
Pompée, vaud.	4	2
Pomponnette et Pompadour, c.-v.	4	2
Les Portraits, comédie.	3	3
Premières Armes de Blaveau, c.-v.	3	3
Le Président de la Basoche, c.-v.	3	3
Princesse et Charbonnière, c.-v.	4	2
La Protégée sans le savoir, c.-v.	5	1
Pythias et Damon, com., en vers.	5	1
Quand on n'a pas le sou, vaud.	4	2
Qui n'entend qu'une cloche..., v.	4	2
Rage d'Amour, comédie-vaudev.	3	3
Le Réveil du Mari, com., 2 actes.	4	2
Une Rivière dans le dos, com.-v.	3	3
Rose et Marguerite. c.-v, 3 act.	4	2
Le Sacrifice d'Iphigénie, comédie.	4	2
Sapho, drame, en vers.	2	4
Si j'étais riche, comédie-vaud.	4	2
La Soirée périlleuse, comédie.	5	1
Un Soufflet n'est jamais perdu, comédie-vaudeville.	5	1
La Statuette d'un grand homme, comédie.	4	2
Les Suites d'un premier lit, c.-v.	3	3
Un Système conjugal, c.-vaud.	5	1
Thérèse ou Ange et Diable, com.-vaud., 2 actes	4	2
Tempête dans une baignoire, v.	5	1
La Tête de Martin, com.-vaud.	4	2
Toinon la Serrurière, c.-v., 2 act.	4	2
Les Trembleurs, comédie.	3	3
Les Tribulations d'un Grand Homme, comédie, 3 actes.	4	2
Triolet, comédie-vaudeville.	4	2
Trois Bourgeois de Compiègne, comédie-vaud.	4	2
Le Tueur de Lions, vaud.	4	2
Un et Un font Un, vaud.	4	2
L'Ut Dièze, bouffonnerie.	5	1
Un Ut de poitrine, vaud.	4	2
Les Vacances du Docteur, drame, en 4 actes, en vers.	3	3
La Vendetta, vaudeville.	5	1
Yorck, comédie-vaudeville.	4	2
Yvonne et Loïc, comédie-vaudeville.	4	2

www.ingramcontent.com/pod-product-compliance
Lightning Source LLC
Chambersburg PA
CBHW050649170426
43200CB00008B/1220